Die große
Orakelsammlung

Jasmin Rachlitz

Die große Orakel-sammlung

Mit Intuition und Magie
in die Zukunft schauen

FALKEN
Taschenbuch

Im FALKEN Taschenbuch sind zahlreiche weitere Titel zu dem Themenbereich „Schicksalsdeutung“ erschienen.
Sie sind überall erhältlich, wo es Bücher gibt.

Von der gleichen Autorin: Astro-Sex (60438); Astrologie und Gesundheit (60194)

Sie finden uns im Internet: **www.falken.de**

Der Text dieses Buches entspricht den Regeln der neuen deutschen Rechtschreibung.

Dieses Buch wurde auf chlorfrei gebleichtem und säurefreiem Papier gedruckt.

ISBN 3 635 60590 5

Umschlaggestaltung: martina eisele grafikdesign
Redaktion: Sabine Nachtwey, Peine/Vera Baschlakow
Herstellung: Christina Dinkel
Zeichnungen: Jasmin Rachlitz, München
Satz: DM-SERVICE Mahncke & Pollmeier GmbH & Co. KG, Rodgau
Druck: Freiburger Graphische Betriebe GmbH, Freiburg

Die Ratschläge in diesem Buch sind von der Autorin und vom Verlag sorgfältig erwogen und geprüft, dennoch kann eine Garantie nicht übernommen werden. Eine Haftung der Autorin bzw. des Verlags und seiner Beauftragten für Personen-, Sach- und Vermögensschäden ist ausgeschlossen.

817 2635 4453 6271

Inhalt

III. Die kleinen Spiel-Orakel 80

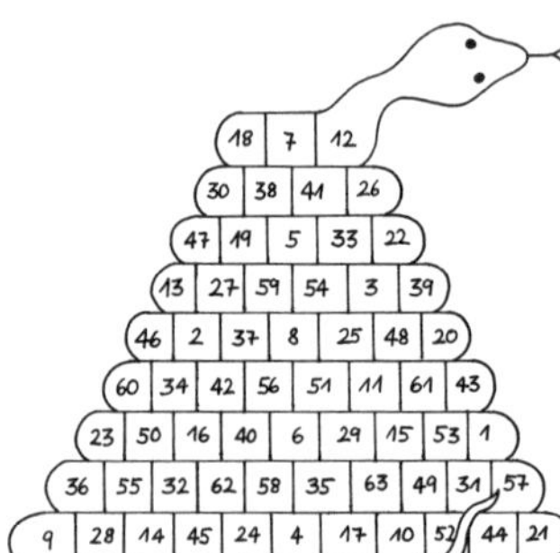

I. Einleitung

Spüren Sie die Magie des Orakels! Der Blick in die Zukunft, egal in welcher Form, ist immer faszinierend. Über viele Jahre hinweg habe ich immer wieder nach besonderen Orakeln gesucht und sie zusammengetragen. Natürlich habe ich alle selbst ausprobiert und auch regelmäßig angewandt. Die meisten Orakel haben ihren Ursprung bei den Zigeunern. Ohne Zweifel ist das Hellsehen in seinen vielfältigen Erscheinungsformen unzertrennlich mit diesem faszinierenden, rätselhaften Volk und besonders mit dessen Frauen verbunden. Unter ihnen gab es viele, die über eine besondere Begabung verfügten: die Fähigkeit, kommende Ereignisse oder das Schicksal eines Menschen vorauszusehen. Viele bedienten sich dabei eines Orakels. In dieser meiner und umfassenden Sammlung der verschiedensten Orakel finden sicher auch Sie eine Variante, die Ihnen gefällt. Sie können alle Orakel allein, aber auch in einer geselligen Runde nach Ihrem Schicksal befragen. Auf kinderleichte Weise können Sie ohne Vorkenntnisse für sich und andere Antworten und Gedankenanstöße finden. Auch Ihnen wird es möglich sein, ein wenig hellzusehen. Trainieren Sie Ihre Intuition spielerisch und nehmen Sie sich Zeit für dieses Buch, das Sie immer wieder begleiten wird, wenn Sie eine kleine Entscheidungshilfe brauchen. Es sind keine besonderen Utensilien notwendig, um sofort damit zu beginnen. Sie brauchen lediglich Papier, Stifte, vier Würfel und eine Nadel (oder einen anderen spitzen Gegenstand) für die meisten Orakel sowie ein Dominospiel, ein Kartenspiel und ein paar Blumen für zwei der großen Zigeuner-Orakel.

II. Die großen Zigeuner-Orakel

Von jeher gehört es praktisch schon zum Kulturgut der Zigeuner, sich mit dem Wahrsagen zu beschäftigen. Viele von ihnen verfügten tatsächlich über hellseherische Kräfte und konnten sich auf ihre Visionen verlassen. Doch auch der weniger visionäre Zigeuner kannte die eine oder andere Methode, zuverlässige Antworten auf Zukunftsfragen zu erhalten. Im Laufe der Jahrhunderte entwickelten sich die verschiedensten Vorgehensweisen. Man bediente sich sehr origineller Hilfsmittel, um in die Zukunft blicken zu können. Die sechs großen Zigeuner-Orakel zählen zu den bekanntesten Orakeln überhaupt.

1. Das Domino-Orakel

Es ist eine sehr alte Tradition, die Dominosteine zu befragen, wobei dies eine ernsthafte Angelegenheit ist. Sie haben nicht die fast schon alltägliche Funktion der Karten, die man zu allerlei Kleinigkeiten des Alltags befragt, sondern mit den Dominosteinen geht es wirklich zur Sache. Den Zigeunern flößen Dominosteine deshalb fast schon abergläubische Furcht ein. Nur wenige haben den Mut, die getupften Elfenbeinplättchen an einem Montag oder Freitag zu berühren. Auch wagt man es nicht, das Orakel häufiger als einmal im Monat zu befragen.

Wenn die Steine gut gemischt sind und einer von ihnen aufgedeckt wird, enthält er die Geschichte Ihres Lebens. Der allererste Stein, den Sie wählen, wird Ihnen viel über Ihr persönliches Schicksal verraten. Konzentrieren Sie sich auf seine Wahl daher besonders. Alle weiteren Steine können zu aktuellen Situationen Antworten geben. Allerdings sollten Sie das Orakel innerhalb von 30 Tagen nur einmal befragen.

Zuerst mischen Sie die Dominosteine gründlich und legen sie dann kreisförmig mit der Rückseite nach oben auf den Tisch. Jetzt wählen Sie einen beliebigen Stein und drehen ihn um. Seine Bedeutung finden Sie in der nachfolgenden Tabelle.

Einige Zigeuner bestehen darauf, dass zuerst der Stein gewählt werden müsse, der am weitesten vom Frager entfernt liegt, andere meinen, der richtige Stein finde ohnehin zum Fragenden. Sie wählen am besten nach eigenem Gutdünken aus. Denken Sie daran, dass der erste Stein die größte Aussagekraft haben wird und sozusagen Ihren Lebensstein darstellt.

Hier die Bedeutung und Erläuterung der einzelnen Dominosteine:

Doppelsechs: Reichtum durch Spekulation und eine glückliche, kinderreiche Ehe. Für Landwirte ist es, was die Ernte anbelangt, ein schlechtes Omen, aber ein gutes für den Wertzuwachs des Bodens. Durch Verkauf von Grund und Immobilien können Sie viel Geld verdienen. Für eine Frau bedeutet dieser Stein eine reiche Ehe und viele Kinder, für einen Mann großen Erfolg bei all seinen Unternehmungen. Herz und Verstand finden auch inneren Einklang und man wird auch auf menschlicher Ebene geachtet sein.

Sechs-Fünf: Sie sind auf Arbeitssuche oder auf der Suche nach einer echten Aufgabe; Ihre Bemühungen werden bald von Erfolg gekrönt sein. Falls Sie verliebt sind, lassen Sie sich nur ja nicht entmutigen! Auch hier wird sich der Erfolg bald einstellen. Falls Sie finanzielle Investitionen vorhaben, bleiben Sie vorsichtig. Dieser Stein ist kein Glücksstein für Gelddinge. Für einen Mann, dessen Frau ein Kind erwartet, deutet dieser Stein auf Probleme mit dem Nachwuchs hin. Vorsicht auch beim Kauf von Silber, Gold, Juwelen und Uhren! Prüfen Sie die Angebote kritisch und genau.

Sechs-Vier: Dieser Stein bedeutet eine frühe Ehe oder Lebensgemeinschaft und viel Glück in allen persönlichen Beziehungen. Eine gleiche Anzahl von Töchtern und Söhnen kann vorhanden sein. Ihre Kinder werden gut gedeihen. Sie können sich einen zuverlässigen Freundeskreis aufbauen. Dieser Stein macht keine Aussage über finanzielle Belange. Er verheißt weder Armut noch Reichtum, jedoch eine stabile Gesundheit.

Sechs-Drei: Bezeichnet einen Menschen mit ausgeglichenem Charakter und zärtlicher Veranlagung. Ein ausgezeichneter Stein für Liebende, denn sie werden bald heiraten und sehr glücklich sein. Geld und Ehre werden nicht fehlen. Kein Missgeschick wird Ihre Lebensbahn überschatten. Es besteht jedoch die Gefahr, dass Sie in mittleren Jahren mit einer schweren Krankheit konfrontiert werden. Nach dieser Krise können Sie sehr alt werden. Bemühen Sie sich daher frühzeitig um einen gesunden Lebenswandel.

Sechs-Zwei: Wieder ein ausgezeichneter Stein für Liebende, da er eine glückliche Beziehung voraussagt. Einem Mann wird eine ordnungsliebende, sparsame Frau zuteil; eine Frau bekommt einen fleißigen und zuverlässigen Mann. Einer Frau, die ein Kind erwartet, verheißt der Stein ein schönes, gesundes Kind, das besonders begabt ist und sich im Leben auszeichnen wird. Wer diesen Stein wählt, um etwas über seine Finanzen zu erfahren, wird angenehm überrascht, da diese sehr günstig aussehen. Für unredliche oder selbstsüchtige Befrager ist dieser Stein jedoch ein schlechtes Omen. Wer den Ausgang seiner Machenschaften erfahren will, dem wird die Aufdeckung seiner Intrigen vorausgesagt.

Sechs-Eins: Diese Kombination sagt jungen Leuten zwei Ehen voraus, wobei die zweite glücklicher als die erste Ehe sein wird. Verheirateten verheißt sie für die mittleren Lebensjahre ein besseres und harmonischeres Leben als in der Jugend. Sie verspricht auch, dass eines der Kinder treu zu Hause ausharren wird, während alle anderen auswärts ihr Glück suchen. Dieser Stein verheißt Gesundheit und Stabilität in reifen Jahren. Sie werden bis zu Ihrem Lebensende über einen wendigen Geist und einen wachen Verstand verfügen.

Sechs-Blank: Sie werden von Problemen oder der Krankheit eines geschätzten Freundes oder Bekannten hören oder den Tod eines lieben Verwandten oder Angehörigen erleben. Es kann sich auch um den Tod eines Menschen handeln, an dem Sie sehr interessiert sind. Der Stein kann eine Phase andeuten, in der Sie sich intensiv mit Grenzwissenschaften oder mit spirituellen Dingen beschäftigen wollen. Ein problematischer Stein, der Depressionen ankündigt, wenn man sich nicht um innere Harmonie und Realitätssinn bemüht. Schieben Sie ungelöste Probleme nicht vor sich her und haben Sie keine Angst, in die Tiefen Ihrer eigenen Seele zu blicken.

Doppelfünf: Ein glückliches Omen für all Ihre Unternehmungen, obwohl es nicht unbedingt bedeutet, dass Sie reich werden. Es wird Ihnen jedoch finanziell nie an etwas fehlen. Auch in Ehe, Beruf und Gesellschaftsleben werden Sie viel Glück haben. Was immer Sie tun, wird gelingen und Ihre Entscheidungen werden meist für Sie und auch andere richtig sein. Sie können sich sozial engagieren und daraus viel persönliche Befriedigung beziehen. Trotz Ihrer Erfolge werden Sie ein bescheidener Mensch bleiben.

Fünf-Vier: Einer Frau kündigt dieser Stein die Ehe mit einem armen Mann, viele Kinder und frühe Trennung an. Zwar mag der betreffende Mann anfangs wohlhabend erscheinen, doch wird die Frau später herausfinden, dass er viele Schulden und kostspielige Angewohnheiten hat, die ihn bald an den Bettelstab bringen könnten. Was das Geld betrifft, ist es auf jeden Fall ein ungünstiger Stein, der vorsichtig machen sollte. Wenn Sie Geld verloren oder verliehen haben, werden Sie es wohl nicht wiedersehen. Einem Landwirt dagegen verheißt dieser Dominostein meist gute Ernten, aber zugleich wird seinem Eigentum Verlust vorausgesagt. Sollten Sie größere Investitionen oder Spekulationen planen, sollten Sie sehr vorsichtig sein, wenn nicht sogar ganz darauf verzichten.

Fünf-Drei: Bedeutet reichlich finanzielle Mittel, ohne einen bestimmten Glücksfall vorauszusagen. Sie werden nie verarmen, vielleicht sogar vermögend sein. Wer schon vermögend ist, wird nicht noch reicher. Jungen Leuten verheißt dieser Stein angenehme materielle Verhältnisse nach der Eheschließung, dafür keine besonders leidenschaftliche Liebe. Zwar sagt er nichts aus über konkretes Unglück in der Liebe, er verspricht auch keine hingebungsvolle Anhänglichkeit Ihres Partners. Im Großen und Ganzen handelt es sich um einen günstigen Stein, der ein zufriedenes Leben möglich macht.

Fünf-Zwei: Falls Sie verliebt sind, werden Sie wahrscheinlich Pech haben. Obwohl Sie vielleicht den ersehnten Partner bekommen und die Ehe oder Beziehung sich scheinbar gut anlässt, wird sie am Ende unglücklich. Einem Mann verheißt dieser Stein eine redliche und fleißige Frau, die jedoch ein impulsives Temperament aufweist. Einer jungen Frau verspricht der Domino Wohlstand und Unabhängigkeit, solange sie ungebunden bleibt. Ist jemand in finanzielle Spekulationen verwickelt oder steht er vor dem Beginn einer neuen geschäftlichen Unternehmung, wird er wahrscheinlich keinen Erfolg haben. Kandidiert er für ein öffentliches Amt, wird er eine Niederlage erleiden. Für Männer handelt es sich nicht um einen Glücksstein, für weibliche Wesen ist er jedoch nicht ungünstig.

Fünf-Eins: Günstig für solche, die Lustbarkeiten lieben. Sie werden eine Einladung zu einem Bankett, einer Party oder einem anderen gesellschaftlichen Ereignis erhalten, bei dem Sie sich ausgezeichnet unterhalten werden. Falls Sie eine verheiratete Frau sind, werden Sie Ihrem Mann drei Knaben gebären. Sind Sie eine junge Dame, werden Sie einen neuen Verehrer bekommen, der weder reich noch sehr gut erzogen ist. Er wird ziemlich grobe Manieren haben und Sie werden ihn stehen lassen, um einen anderen zu nehmen. Menschen, die große Verdienste oder Geldeinnahmen erwarten, werden enttäuscht und müssen sorgfältiger planen.

Fünf-Blank: Handelt es sich um einen intelligenten Mann, wird aus ihm entweder ein erfolgreicher Spieler oder ein reicher Schurke. Ist er nicht so intelligent, wird er wahrscheinlich ein Betrüger im Westentaschenformat oder der Geliebte einer Frau mit zweifelhaftem Lebenswandel oder beides werden. Obwohl das seine Veranlagungen sind, könnten die Umstände ihm einen ganz anderen Platz im Leben zuweisen. Aber er wird immer käuflich und unvorsichtig sein, wie auch immer seine Stellung im Leben sein möge. Einer Frau verheißt der Stein schwierige Partnerschaften; bleibt sie ungebunden, kann ihr dieser Stein nichts anhaben.

Doppelvier: Günstig für Liebende, Landwirte und Menschen, die praktische Berufe ausüben. Für Rechtsanwälte, Ärzte und andere Freiberufler werden hingegen schwere Zeiten kommen. Jungen Leuten verheißt dieser Stein eine baldige Einladung zu einer lustigen Gesellschaft. Wer im Begriff ist, eine Gesellschaft oder Party zu geben, wird damit ungeheuren Erfolg haben. Alles wird vorzüglich verlaufen und man wird noch tagelang über diese Einladung sprechen. Auch sagt der Stein eine baldige Hochzeit voraus, nicht unbedingt die eigene, aber doch eine im engsten Umkreis.

Vier-Drei: Frühe, glückliche Ehe und ein Kind, das ein gutes Leben führen wird. Weder Armut noch Reichtum, aber ein gutes finanzielles Mittelmaß. Einem kinderlosen Ehepaar verheißt der Stein eine zweite Ehe für jeden der Partner. Für eine verheiratete Person mit Kindern bedeutet der Stein die baldige Trennung von einem Familienmitglied, jedoch ohne Trauer. Sie werden bald Ihre Familienverhältnisse neu strukturieren. Das gibt Ihnen aber auch die Möglichkeit, eigenständiger und zufriedener zu leben.

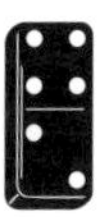

Vier-Zwei: In Ihrem Leben sind radikale Veränderungen zu erwarten, und zwar auf finanziellem Gebiet, im Familienleben, in der Beziehung zu Freunden oder im ideologischen Bereich. Worin diese Veränderung bestehen wird, verschweigt der Stein. Vielleicht handelt es sich um etwas Unwesentliches, vielleicht aber wird Ihre ganze Existenz von ihr betroffen. Wählt zum Beispiel eine junge Frau diesen Stein, kann diese Veränderung eine baldige Hochzeit sein. Aber ob diese Ehe glücklich sein wird, weiß man nicht. Eine verheiratete Person kann den Partner bzw. die Partnerin verlieren, ein Mann kann geschäftliche Verluste erleiden oder einen plötzlichen Berufswechsel vornehmen. Tausend Dinge können passieren, die das tägliche Leben verändern. Für Menschen, die einer körperlichen Arbeit nachgehen, wird die Veränderung eher günstig sein. Bequemen Leuten wird sie Unglück bringen. Das Geschick aller anderen bleibt ungewiss. Haben Sie gerade Ihren Geliebten oder einen guten Freund gekränkt, bedeutet es Versöhnung und eine bessere Beziehung als vorher. Für geschäftliche Angelegenheiten ist es ein günstiges Omen, obwohl nicht klargestellt wird, um welche besonderen Glücksumstände es sich handelt.

Vier-Eins: Wer diesen Stein wählt, wird glücklich heiraten und nichts wird die Hochzeitsfreuden trüben. Der Stein gilt meistens für wohlhabende, kinderlose Paare. Kommen Kinder zur Welt, so wird das Vermögen im Verhältnis zur Kinderzahl (höchstens zwei) reduziert. In den meisten Fällen gibt es jedoch keine Kinder, aber reichlich finanzielle Mittel. Sie werden sehr vielseitige Lebensziele haben und sich auch im kulturellen Bereich engagieren. Vielleicht verfügen Sie sogar selbst über künstlerische Talente.

Vier-Blank: Ein Unglücksstein für Liebende. Er verheißt viel Streit, Trennung, alte Jungfern und alte Junggesellen. Sind Sie eine junge Frau, die einen Liebsten hat, sehen Sie sich sofort nach einem anderen um, denn Sie werden ihn verlieren oder aufgeben müssen. Sind Sie ein junger Mann, seien Sie gewiss, dass Sie das Mädchen, das Sie jetzt im Auge haben, nicht heiraten werden. Vielleicht wird sie sich sogar von Ihnen trennen. Verheirateten dagegen verheißt dieser Stein eine große Nachkommenschaft. Eine verheiratete Frau wird demnächst Zwillinge zur Welt bringen. Wollen Sie einem Freund ein Geheimnis anvertrauen, können Sie sich darauf verlassen, dass es bald verraten wird. Zukünftige Partner werden berufliche Schwierigkeiten haben, weil sie zu leichtgläubig sein können.

Doppeldrei: Verheißt großen Reichtum, sagt jedoch nichts über Liebe und Ehe. Ein besonders günstiges Geldomen, das keinerlei Unglück prophezeit. Wer daher diesen Stein umdreht, wird in den Besitz eines großen Barvermögens kommen und damit glücklich leben. Alle Geschäfte werden erfolgreich sein und alles, was diese Leute anrühren, wird wie bei König Midas zu Gold. Mit diesen

Leuten sollte man sich beraten, bevor man Geld investiert, da jedes ihrer Worte Gold wert ist. Wer diesen Stein wählt, sollte sich daher mit Geldgeschäften befassen und keine Angst vor Spekulationen haben. Ihnen liegt das Jonglieren mit Vermögen praktisch im Blut.

Drei-Zwei: Für folgende Fälle ein Glücksstein: Ehe, Liebe, Auffinden gestohlenen Gutes, Reisen, Spekulationen, Aussaat, Schulden eintreiben, Einkäufe. Sie können Glück haben und alte Schuldbeträge, die Sie längst abgeschrieben hatten, einkassieren. Der Stein ist ein ungünstiges Omen für Spieler, für Frauen, die kurz vor der Niederkunft stehen, für Verkäufer, Handelsvertreter und Leute aus der Halbwelt. Auch neue Bekanntschaften könnten sich als ungünstig oder nur sehr flüchtig erweisen. Überprüfen Sie Ihren Freundeskreis: Auf wen können Sie sich wirklich verlassen?

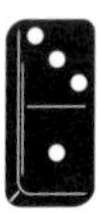

Drei-Eins: Für junge Frauen besteht die Gefahr, in unsolide Gesellschaft zu geraten; sie mögen daher zurückhaltender und vorsichtiger sein. Eine verheiratete Frau wird einen kühnen Verehrer haben, der ihr schmeichelt und bestrebt ist, ihr heimlicher Liebhaber zu werden. Ein Mann wird durch die intime Beziehung zu einer Frau einen Teil seines Vermögens einbüßen. Ein ungünstiges Zeichen, denn selbst einem Junggesellen wird ein uneheliches Kind prophezeit. Liebesdinge sollten mit diesem Stein nicht auf die leichte Schulter genommen werden. Spielen Sie nicht mit anderen Herzen, dann kann auch nichts auf Sie zurückfallen.

Drei-Blank: Ihr Partner betrügt Sie. Wenn Sie heiraten, wird Ihr Partner entweder laut und streitsüchtig oder äußerst eitel und ohne ethische Grundsätze sein. Am Ende wird er dennoch davonlaufen. Einer Frau prophezeit dieser Stein einen leicht beeinflussbaren Mann, den sie ohne Schwierigkeiten um ihren Finger wickeln kann. Sie werden bald eine Bekanntschaft machen, die sich zunächst sehr gut anlässt, jedoch zu einem späteren Zeitpunkt in Streit endet. Außerdem deutet dieser Stein weiterhin auf Familienzwistigkeiten hin, wenn Sie auf allzu direkten Konfrontationen bestehen. Erbangelegenheiten sollten Sie im Guten lösen, sonst haben Sie unter Umständen das Nachsehen.

Doppelzwei: Glück in allen Liebesaffären, für Männer und Frauen gleichermaßen. Eine Ehe wird glücklich und mit gesunden Kindern gesegnet sein. Jedes Kind wird ein gutes Leben führen und äußerst wohlhabend sein. Der Stein verheißt auch Erfolg bei allen Unternehmungen, wirtschaftliche Vorteile, wenn auch nicht unbedingt Reichtum. Außerdem schenkt er eine gute körperliche Verfassung und ausgesprochene Attraktivität. Sie werden im Leben viele Chancen und Verehrer bzw. Verehrerinnen haben, sogar bis ins hohe Alter.

Zwei-Eins: Einer Frau verkündet der Stein eine frühe Ehe, doch zugleich den vorzeitigen Verlust bzw. die Trennung von ihrem Gatten. Sie wird kinderlos bleiben, von ihrem Mann jedoch ein großes Vermögen erben oder eine reichhaltige Abfindung erhalten. Viele Jahre lang wird sie ein reicher, lustiger Single sein, um dann endlich glücklich zu heiraten. Einem jungen Mann verheißt der Stein ein luxuriöses Leben. Zwar wird er nie heiraten, aber immer der Liebling aller Damen sein und viele Geliebte haben, die sich jedesmal ernstlich in ihn verlieben. Für Geschäftsleute ist es kein günstiges Omen, da Verluste in Aussicht stehen. Auch für einfache Leute und Arbeiter ist es kein Glücksstein, da er ihnen keinen Ausweg aus ihrem täglichen Existenzkampf zeigt.

Zwei-Blank: Missgeschick auf allen Gebieten. Einer Frau prophezeit der Stein einen armen, lasterhaften und unanständigen Partner. Hat eine Frau gerade ein Kind geboren, so können Sorgen um dieses Kind entstehen. Für Frauen, die beschließen, nicht zu heiraten, ist der Stein kein ungünstiges Omen, da sie allein gut weiterkommen, zumindest besser, als wenn sie verheiratet oder fest gebunden wären. Glück bringt der Stein Spekulanten oder gar dunklen Existenzen, denn er ist ein Erfolgsgeheimnis für unredliches Unterfangen oder gar Korruption. Befragen Sie den Stein jedoch bezüglich einer bevorstehenden Reise, so können Sie beruhigt fahren.

Doppeleins: Zärtliche Liebe, Beständigkeit und Glück für alle Liebespaare und Verheirateten. An materiellen Gütern wird es nicht fehlen, aber auch der innere Reichtum kann erreicht werden. Wer noch nicht alles besitzt, was er sich wünscht, wird es bald bekommen und viel Freude erleben. Eine Zeit höchster Kreativität und Lebensfreude ist zu erwarten. Doch der Stein weist auch auf einen guten Menschen mit ehrlichem Herzen hin. Sie erleben viel Gutes, doch sind auch bereit zu teilen und anderen Menschen Trost zu geben.

Eins-Blank: Das bisschen Glück, welches der Stein verheißt, wird durch Achtlosigkeit verloren gehen. Gute Ehen und Beziehungen können ruiniert werden, wenn man sich nicht um den anderen bemüht und Vorsicht walten lässt. Der Stein ist kein Unglücksstein, aber bei außerehelichen Affären prophezeit er viel Herzenskummer. Die Betreffenden werden zwar gut leben, aber nie reich werden, da sie ihr Geld nicht gut anlegen. Trotzdem kommt Geld immer wieder herein, selbst wenn es schon einmal verloren war.

Doppelblank: Das ist der unseligste Stein von allen. Nur für Lumpen, Geizhälse, Spieler, Betrüger und Verführer ein gutes Omen. Allen herzlosen Menschen verheißt er ungewöhnliches Glück, allen anderen große Enttäuschungen. Hoffentlich wählt ihn kein junger Mensch, der heiraten will, denn er bringt bitteren Kummer. Es könnte bedeuten, bald im Stich gelassen oder gar unredlich behandelt zu werden. Auch in geschäftlichen Dingen warnt der Stein anständige Geschäftsleute vor Betrügern und kündigt auch meist eine Flaute an. Bewerben Sie sich gerade um eine Stelle, so wird dieser Stein sagen, dass Sie sie entweder gar nicht bekommen oder dass diese Position für Sie nicht günstig ist. Wurde Ihnen etwas gestohlen oder haben Sie etwas verloren, werden Sie es nicht wiederbekommen. Im Allgemeinen ein unangenehmer Stein für alle anständigen Leute, aber ein Glücksstein für alle Lumpen. Wer diesen Stein wählt, muss sehr über sich und seine Beziehungen nachdenken, die fragwürdig und aussichtslos sein könnten. Arbeiten Sie an sich und bemühen Sie sich um spirituelle Erkenntnisse.

2. *Das Würfel-Orakel*

Nun wenden wir uns einer weiteren Methode der Wahrsagung zu, die insbesondere bei den Zigeunern beliebt war. Natürlich kann man nicht sämtliche Details der Wahrsagung mit Würfeln wiedergeben, aber Sie finden hier doch eine praktische Anleitung und eine Auswahl der wesentlichen Fragen und Antworten. Legen Sie zwei normale Spielwürfel in eine Schachtel oder einen Würfelbecher, schütteln Sie und werfen Sie die Würfel auf den Tisch. Dann stellen Sie laut die Frage, auf die Sie eine Antwort bekommen möchten, und zwar eine der hier angeführten Fragen. Um die zu Ihrer Frage passende Antwort zu erhalten, suchen Sie sodann jene Tabelle auf, die mit jener Kombination von Augen bezeichnet ist, die Ihrem Wurf entspricht. Die Antworten können manchmal sehr weise, aber auch einfach nur amüsant sein. Beurteilen Sie selbst, wie viel Ihnen das Orakel vermitteln kann.

Auf folgende Fragen können Sie durch das Orakel Antwort bekommen:

1. Denkt die Person, die ich liebe, an mich?
2. Bekomme ich bald einen Heiratsantrag?
3. Wie kann ich der Person, die ich liebe, gefallen?
4. Soll ich antworten?
5. Soll ich tun, was man von mir verlangt?
6. Wie viele Verehrer werde ich haben?
7. Wie oft werde ich heiraten?
8. Wie wird mein Partner fürs Leben sein?
9. Liebt er (sie) mich?
10. Wird mein Herz noch lange frei sein?
11. Werde ich bald heiraten?
12. Werde ich reich sein?
13. Wird mein Geheimnis entdeckt werden?
14. Gelte ich als hübsch oder attraktiv?
15. Wird er jemals mein Mann oder sie meine Braut werden?
16. Soll ich es tun?
17. Werde ich ihn (oder sie) bald sehen?
18. Werde ich bald eine Reise machen?

19. Wird sich mein Zustand in Kürze ändern?
20. Wird mein Wunsch in Erfüllung gehen?

Nachdem Sie die Fragen gewählt haben, finden Sie hier die Antworten, die den Augenzahlen auf Ihren Würfeln zugeordnet sind.

Eins-Eins

1. Er (sie) denkt ebenso viel an Sie wie Sie an ihn (sie).
2. Morgen Vormittag um elf Uhr.
3. Was immer Sie tun, tun Sie es mit Anmut und behandeln Sie ihn (sie) mit Respekt.
4. Ja, aber drücken Sie sich taktvoll aus.
5. O nein, bloß nicht!
6. Mindestens zwölf. Keiner kann Ihrem Charme widerstehen.
7. Einmal.
8. Jung, schlank, hellhäutig.
9. Er (sie) kann nicht anders.
10. Sie wissen sehr gut, dass es die ganze Zeit nicht frei war.
11. In einer Woche.
12. Es wird Ihnen nie etwas abgehen.
13. Eine Entdeckung wäre wünschenswert.
14. Bis auf Ihre Nase, die zu klein ist.
15. O nein!
16. Warum nicht?
17. Morgen.
18. Ja, eine sehr lange.
19. Ja, zu Ihrer großen Freude. Sie werden sehr glücklich sein.
20. Ja.

Eins-Zwei

1. Nicht im Geringsten.
2. Leider viel zu bald.
3. Frauen: Tragen Sie keine hochgeschlossenen Kleider.
   Männer: Kleiden Sie sich korrekter.
4. Es ist zu riskant.

5. Ja, ohne jede Befürchtung.
6. Ebenso viele Verehrer wie Lebensgefährten.
7. Zweimal. Der eine schielt.
8. Dick, versessen auf Süßigkeiten und sehr geduldig.
9. Von ganzem Herzen.
10. Wenn Sie morgen ausgehen, geben Sie Acht, wer Ihnen als erster zulächelt. In ihn (sie) werden Sie sich verlieben.
11. In zwei Jahren.
12. So wie jetzt.
13. Nein, aber es ist ratsam, es bald aufzudecken.
14. Wenn Sie liebenswürdig und freundlich sind. Hässlich wirken Sie, wenn Sie einen Wutausbruch haben.
15. Wenn Sie ihn (sie) haben wollen, ja.
16. Wie Sie wollen. Es kann nicht schaden.
17. Bevor der Herbstwind über die Wiesen fegt und die Blätter fallen.
18. Bald werden Sie Städte sehen, von denen Sie nie geglaubt haben, dass Sie sie einmal besichtigen werden.
19. Sobald Sie wollen.
20. Wenn Sie es wirklich wünschen, ja.

Eins-Drei

1. Immer. Bei Tag und Nacht. Sogar beim Frühstück.
2. Um Himmels willen! Sind Sie nicht dauernd von Verehrern bedrängt?
3. Seien Sie offen zu ihm (ihr), aber verraten Sie nicht, wie sehr Sie in ihn (sie) verliebt sind.
4. Lieber nicht.
5. Ja, aber mit Vorsicht.
6. Fünf. Einen tauben, einen blinden, einen lahmen, einen stummen und einen buckligen.
7. Einmal; der Gatte wird schrecklich eifersüchtig sein und Sie Tag und Nacht bewachen.
8. Liebevoll und zärtlich. Er wird täglich 30 Küsse von Ihnen verlangen.

9. Verrät nicht sein (ihr) blasses Gesicht, wie groß sein (ihr) Liebeskummer ist?
10. Morgen Nachmittag ungefähr um fünf Uhr wird Amors Pfeil Sie durchbohren.
11. In sechs Wochen.
12. Ziemlich reich.
13. Falls Sie nicht vorsichtig sind, jeden Augenblick.
14. Sehr hübsch und reizvoll.
15. Ja.
16. Wenn es Ihnen Spaß macht.
17. Nein, Sie sind für immer getrennt.
18. Eine kurze, die mit Ihrem Liebesleben zu tun hat.
19. Ja, aber Sie werden keinen Vorteil davon haben.
20. Wenn Sie alles dazu tun, ja.

Eins-Vier

1. Der (die) Betreffende würde gerne an Sie denken, traut sich aber nicht.
2. Wenn Sie Ihre Gefühle nicht so zur Schau stellen, ja.
3. Machen Sie beim nächsten Zusammentreffen ein freundliches Gesicht und besonders viele Komplimente.
4. Schweigen ist hier nicht am Platze. Erteilen Sie ihm (ihr) auf jeden Fall eine Rüge.
5. Es bleibt Ihnen nichts anderes übrig.
6. Zwei auf der Hochschule, einen Lehrer und vielleicht eine beleibte, ältere Person.
7. Einmal, und sehr glücklich.
8. Sehr groß, sonnengebräunt, Brillenträger, liebenswürdig und von innerer Vornehmheit.
9. Das können Sie herausfinden, indem Sie ihm (ihr) ein Glas Wasser reichen: Berührt er (sie) Ihre Hand, liebt er (sie) Sie.
10. Augenblicklich ist Ihr Herz nicht frei. Denken Sie gut darüber nach.
11. In einem Jahr.
12. Reich an Liebe und edlen Tugenden, aber nicht an Geld.

13. Sie glauben, dass es ein Geheimnis ist, aber in Wirklichkeit war es nie eines.
14. Ja.
15. Das ist kaum möglich.
16. Es ist zwecklos, kann Ihnen jedoch nicht schaden.
17. Nur wenn Sie ihm (ihr) schreiben, dass er (sie) kommen soll, sonst nicht.
18. Eine Reise schon, aber nicht die, an die Sie gedacht haben.
19. Nicht so bald.
20. Ja, aber nicht so schnell, wie Sie möchten.

Eins-Fünf

1. Gewiss, ziemlich oft. Sooft es die Umstände erlauben.
2. Sie werden Falten bekommen, bevor Sie das erleben.
3. Nehmen Sie nicht so viele künstliche Posen ein. Seien Sie mehr Sie selbst.
4. Antworten Sie nach dem Diktat Ihres Herzens.
5. Überlegen Sie, was Sie tun, sonst wird man Sie auslachen.
6. Sieben junge Menschen, die alle für Sie sterben würden.
7. Einmal. Eine liebe, gutmütige, freundliche und junge Person.
8. Freundlich und heiter, romantisch, poetisch und gutmütig, aber ein wenig schwach.
9. Mit christlicher Nächstenliebe, anders nicht.
10. Sie lieben jemanden und werden bald jemand anders lieben.
11. In ein paar Jahren.
12. Wenn Sie es darauf anlegen und sehr sparsam sind.
13. Es gibt jemanden, der es weiß, es aber nicht weitersagen wird.
14. Einigen kommen Sie ausnehmend schön vor, anderen nicht.
15. Sie wissen ganz genau, dass das unmöglich ist.
16. Bedenken Sie, was Ihre liebe Mutter dazu sagen würde.
17. Ja, recht bald.
18. Nicht ganz so bald, wie Sie es sich wünschen.
19. Sehr bald, und zwar in einem wesentlichen Punkt.
20. Ja, aber nicht vollkommen und nicht ganz so, wie Sie hoffen.

Eins-Sechs

1. Er (sie) denkt an Sie, wird es aber später bereuen.
2. Seien Sie froh, wenn Sie keinen bekommen, denn nur wenige sind der Rede wert.
3. Seien Sie nicht so sentimental, lassen Sie die Poesie beiseite und zeigen Sie mehr gesunden Menschenverstand.
4. Das gesprochene Wort verfliegt, das geschriebene bleibt.
5. Ja, denn der (die) Betreffende wird nichts Unwürdiges von Ihnen verlangen.
6. Zwanzig; alle machen einen guten Eindruck und fünf sind in Sie verliebt.
7. Dreimal. Alle drei sind ehrenwerte Leute.
8. Eine schreckliche Person. Breit wie ein Scheunentor und nur in sich selbst verliebt.
9. Sein (ihr) Herz gehört schon längst einer (einem) anderen.
10. Augenblicklich ist es frei, wird es aber nicht lange bleiben.
11. Sie müssten zuerst eine gewisse Person zärtlich lieben.
12. Solange Sie mit Ihrem Geld vernünftig umgehen, ja. Sonst werden Sie pleite sein.
13. Nein.
14. Wenn Sie eine einfachere Frisur, dunkle Kleider und bunten Schmuck tragen.
15. Bestimmt, falls er (sie) nicht schon verlobt ist.
16. Natürlich, Sie wären ja verrückt, wenn Sie es nicht täten.
17. Nicht sehr bald.
18. Ein freudiges Ereignis wird es nicht dazu kommen lassen.
19. Nicht sehr bald.
20. Das wird von Ihrem Benehmen abhängen; wenn Sie mit Bedacht handeln, ja.

Zwei-Zwei

1. Haben Sie nicht Augen wie Sterne, die für jeden unvergesslich sind?
2. Ja, aber üben Sie Zurückhaltung.
3. Seien Sie netter zu Menschen und weniger lieb zu Katzen.

4. Ja. Offen und ohne Ziererei.
5. Es zu verweigern, wäre grausam.
6. Nur einen. Aber diesen werden Sie über alles stellen.
7. Einmal. Einen dicken Menschen.
8. Sehr hässlich, aber in Ihren Augen wird er schön sein.
9. Haben Sie nicht bemerkt, wie er (sie) errötet, wenn er (sie) Sie sieht?
10. Auf der nächsten Gesellschaft werden Sie sich verlieben.
11. Nie.
12. Sie werden so viel Geld haben, dass Sie nicht wissen, was Sie damit anfangen sollen.
13. Es ist schon entdeckt.
14. Nicht besonders, aber als sehr gut erzogen.
15. Ja, und später auch noch andere.
16. Tun Sie, was Sie nicht lassen können.
17. Sehr bald.
18. Ja, und zwar eine, auf die Sie sich schon sehr freuen.
19. Das hängt ganz von Ihnen ab.
20. Ganz bestimmt.

Zwei-Drei

1. Er (sie) hat zu viel zu tun, um an Sie zu denken.
2. Wenn Sie einer gewissen Person mit mehr Respekt begegneten, würde er (sie) Ihnen gerne einen Heiratsantrag machen.
3. Hören Sie auf, mit anderen zu flirten.
4. Ja, denn so eine Frage verdient eine Antwort.
5. Prüfen Sie sich. Tun Sie, was Ihnen Ihr Herz diktiert.
6. Auch Ihre leidenschaftlichen Verehrer werden Ihnen immer langweilig erscheinen.
7. Einmal. Eine sehr stämmige, ganz unromantische Person.
8. Sehr groß und dunkelhäutig, ein wenig streitsüchtig und eifersüchtig.
9. Von ganzem Herzen und von ganzer Seele.
10. Niemand weiß besser als Sie selbst, dass Sie schon verliebt sind.
11. In fünf Monaten.

12. Sie werden Geld haben, aber es wird der Anlass zu vielen Kümmernissen sein.
13. Wenn Sie es niemandem mitteilen, nein.
14. Wenn Sie mehr Sicherheit und Selbstvertrauen zeigten, ja.
15. Ja.
16. Um Himmels willen, nein! Was würden die Leute sagen?
17. Ja, wenn Sie am wenigsten darauf gefasst sind.
18. Ja, die Reise, die Sie geplant haben.
19. Nicht so, wie Sie es sich wünschen.
20. Früher, als Sie denken.

Zwei-Vier

1. Sie wissen sehr gut, dass er (sie) an Sie denkt.
2. Ja, aber nur, damit man sich über Sie lustig macht.
3. Geben Sie nicht viel Zucker in Kaffee oder Tee, sonst wird er Sie für maßlos halten.
4. Es wäre vielleicht besser, außer Sie haben die Absicht, ihn (sie) zu demütigen.
5. Gewiss, tun Sie es, wenn Sie es ohne Erröten zuwege bringen.
6. Zwei junge Studenten, der eine blond, der andere dunkel. Beide werden Blumen schicken.
7. Fünfmal. Aber keine Ehe wird gut sein.
8. Ein kleiner Mann mit langem Bart oder ein kleines, eitles Mädchen.
9. Ja, aber er liebt auch andere.
10. Noch ein Jahr lang, aber nicht länger.
14. In sechs Jahren, früher nicht. Auch wenn Sie sich noch so bemühen.
15. Ja, wenn Sie sein (ihr) Herz innerhalb von zwei Wochen erobern können.
16. Tun Sie es. Aber es gibt einen, dem es missfallen wird.
17. Sie müssen sich noch ein wenig gedulden.
18. Ja, aber diese Reise wird Sie viele Tränen kosten.
19. Bald, durch ein unvorhergesehenes Ereignis.
20. Ja, und mehr, als Sie erwarten.

Zwei-Fünf

1. Er (sie) betet Sie an.
2. Ja, aber es wird nicht zu Ihrem Glück beitragen.
3. Freuen Sie sich des Lebens, seien Sie freundlich und heiter.
4. Ja, ohne Verzug.
5. Fragen Sie Ihre Mutter um Rat. In diesen Dingen weiß sie am besten, was richtig ist.
6. Zwei. Der eine hat nur ein Auge, der andere eine schlechte Haltung.
7. Nur einmal.
8. Jung und sexy, mit rosigen Wangen. Er (sie) liebt Sie innig und wird Sie glücklich machen.
9. Sein (ihr) Herz gehört Ihnen vom ersten Augenblick an.
10. Auf Ihrer nächsten Reise werden Sie sich sehr verlieben.
11. In zwei Jahren.
12. Niemals.
13. Es fällt niemandem ein, danach zu fragen.
14. Für ziemlich hübsch, aber ausdruckslos.
15. Er (sie) würde es gerne werden, hätte nicht ein falscher Freund die Hand im Spiel.
16. Gewiss. Es ist genau das Richtige.
17. Überlegen Sie, wie Sie so bald wie möglich ein Zusammentreffen arrangieren können.
18. Sie werden eine Gelegenheit nicht wahrnehmen.
19. Ja, und zwar so, wie Sie es sich jetzt vorstellen.
20. Wenn nicht, ist es Ihre eigene Schuld.

Zwei-Sechs

1. Gerade in diesem Augenblick sieht er (sie) Ihr Bild vor sich.
2. Ja, von jemandem, der wie eine Bulldogge aussieht.
3. Passen Sie besser auf, essen Sie keinen Käse und setzen Sie sich an seine (ihre) rechte Seite.
4. Antworten Sie nach Gutdünken.
5. Nein, lassen Sie ihn (sie) eine Zeit lang schmachten.

6. Nur ein Dutzend, nur alte Leute, die den Frühling des Lebens schon lange hinter sich haben.
7. Wahrscheinlich ein Mal, vielleicht öfter.
8. Ein Salonlöwe, sehr beliebt bei allen, aber ganz der Ihre.
9. Schmerzerfüllt und sehnsüchtig.
10. In ungefähr sechs Wochen wird sich Ihr Herz beim Licht der Sterne erweichen lassen.
11. In ein oder zwei Jahren.
12. Bemühen Sie sich, immer reich an Herzenstakt und innerer Zufriedenheit zu sein.
13. Es ist schon halb enthüllt.
14. Sie gelten als majestätisch wie ein König (eine Königin) und als besonders attraktiv.
15. Nein, damit dürfen Sie nicht rechnen.
16. Wenn Sie es nicht tun, sind Sie verloren.
17. In wenigen Wochen.
18. Ja, in Begleitung einer Person des anderen Geschlechts.
19. Auf sehr angenehme Weise.
20. Ein unerwartetes Ereignis wird dazwischenkommen.

Drei-Drei

1. Er (sie) denkt gerade sehr zärtlich an Sie.
2. Viele, auch zwei oder drei auf einmal.
3. Frisieren Sie sich besser, flirten Sie nicht. Sitzen Sie gerade und seien Sie höflich.
4. Legen Sie eine Mohnblume heute Nacht unter Ihr Kopfkissen und Sie werden träumen, was Sie tun sollen.
5. Was wird eine gewisse Person dazu sagen?
6. Einen vertrockneten alten Tugendbold, den Sie nicht ausstehen können.
7. Zweimal. Einmal einen gebrechlichen Alten und einmal einen stürmischen Jungen.
8. Ein starker Charakter, energisch, enthusiastisch und geistreich.
9. Er ist allen ein guter Freund. Nichts weiter.

10. Es ist immer frei genug.
11. Sehr bald.
12. Wenn Sie nicht spekulieren.
13. Wenn Sie schweigen, ja. Aber Sie sind zu geschwätzig.
14. Sie würden gut aussehen, wenn Sie nicht beim Lachen die Nase rümpften.
15. Wenn Sie ihn (sie) wirklich lieben können.
16. Ja, Sie werden viel Freude daran haben.
17. Erst wenn Sie beide graue Haare haben.
18. Ja. Sie wird Ihnen viel Vergnügen bereiten.
19. Bald, auf eine Weise, die Sie sich nie haben träumen lassen.
20. Früher, als Sie denken.

Drei-Vier

1. Er (sie) denkt an Sie, aber nicht so, wie Sie es sich wünschen.
2. Zwanzig reizende Leute werden Sie diese Woche umschwärmen und einer (eine) wird einen Heiratsantrag machen.
3. Gehen Sie in die Sonne, damit Ihre Haare heller werden.
4. Ja, aber erteilen Sie ihm (ihr) eine tüchtige Lektion, denn er (sie) verdient sie.
5. Nur teilweise.
6. Mindestens 50, bis auf einen alle sehr unattraktiv.
7. 25-mal, wenn Sie alle erhören.
8. Krumm und lahm. Dürr wie eine Bohnenstange.
9. Er (sie) liebt Sie, glaubt jedoch, seine (ihre) Liebe wird nicht erwidert.
10. Es wird lange dauern, bis Sie Ihr Herz verschenken, Sie sprödes Geschöpf!
11. Bevor das Jahr um ist.
12. Sie werden im Geld schwimmen.
13. Seien Sie lieber vorsichtig. Es ist schon etwas durchgedrungen.
14. Wenn Sie weniger egozentrisch sind und nicht so laut lachen.
15. Er (sie) würde Sie gerne zur Gattin (zum Gatten) wählen, wenn Sie weniger flirteten.

16. Man wird Sie auslachen. Aber das soll Sie nicht abhalten.
17. Wenn, dann nur zufällig. Er (sie) hat sich nämlich geschworen, Sie nie wiederzusehen.
18. Ein trauriges Ereignis wird die Reise unmöglich machen.
19. Ja, aber nicht so, wie Sie es sich wünschen.
20. Böse Menschen werden es verhindern.

Drei-Fünf

1. Öfter, als Sie an ihn (sie) denken.
2. Keinen, der sich lohnt. Nur von einem gefühlsduseligen Narren.
3. Sie dürfen nicht so viel essen.
4. Sie riskieren nichts dabei.
5. Ein Herz werden Sie beglücken, zwei andere brechen, wenn Sie es tun.
6. Zwei. Der eine präsentiert sich gut, der andere ist besonders attraktiv.
7. Einmal. Und das wird schon zu viel sein.
8. Ein Trinker, Spieler und Betrüger.
9. Er (sie) liebt Sie, so sehr er (sie) kann, aber das ist eben nicht viel.
10. Ist es denn jetzt frei?
11. In drei Jahren.
12. Sie werden im Geld schwimmen.
13. Wenn Sie verschwiegen sind, nein.
14. Sie rollen zu viel mit den Augen, Ihre Ohren haben keine hübsche Form, aber Ihre Hände sind schön.
15. Weder wünschen Sie es, noch wünscht er (sie) es.
16. Wenn Sie vorsichtig sind, kann es nicht schaden.
17. Nächsten Herbst.
18. Sehr bald in reizender Gesellschaft.
19. Ja, genau wie Sie es sich wünschen.
20. Ja, und Sie werden unendlich glücklich sein.

Drei-Sechs

1. So wie man an irgendein unbedeutendes Wesen denkt.
2. Ja, sehr bald. Aber seien Sie auf der Hut, denn er (sie) ist ein unbeständiger Mensch und ist früher schon einmal davongelaufen.
3. Bei Ihrem nächsten Stelldichein tun Sie, was er (sie) von Ihnen verlangt.
4. Um Himmels willen, nein! Es wird sonst für Sie beide schlimme Folgen haben.
5. Lieber nicht, obwohl es keinen großen Schaden anrichtet.
6. Einen jungen, reichen und zwei ziemlich einfache Personen.
7. Einmal. Ihr Gatte (Ihre Gattin) wird völlig von Ihnen beherrscht werden.
8. Kränklich und eine ewige Last.
9. Sie sind seine (ihre) erste und letzte Liebe.
10. Noch zwei Jahre. Sie sollten es sich auch so wünschen.
11. In fünf Jahren.
12. Wenn Sie immer sehr sparsam sind, ja.
13. Nichts kann so gut verheimlicht werden, dass es nicht doch am Ende herauskommt.
14. Man hält Sie für ein Meisterwerk göttlicher Kunst.
15. Ja, Sie werden eine glückliche Ehe führen.
16. Es ist mit Gefahr verbunden, kann aber Glück bringen, wenn Sie vorsichtig bleiben.
17. Er (sie) wird Sie heute besuchen.
18. Wenn Sie es wünschen, ja. Die Gelegenheit dazu wird sich schnell bieten.
19. Nein, für lange Zeit nicht.
20. Ja, aber es wird jemandem das Herz brechen.

Vier-Vier

1. Das können Sie nicht von ihm (ihr) erwarten, da er (sie) überhaupt nicht denkt.
2. Der Erste, dem Sie morgen früh begegnen, wird Ihnen einen Heiratsantrag machen.

3. Versuchen Sie, nicht so dominierend zu sein.
4. Wenn Sie den richtigen Ton finden, antworten Sie.
5. Erzählen Sie die ganze Geschichte einem Freund. Mal sehen, was er dazu sagt.
6. Einen. Ein dummer Wicht, blond mit großem Mundwerk.
7. Sie werden ebenso viele Ehen eingehen, wie Sie Liebhaber haben werden.
8. Er wird ein besonders hübsches Gesicht haben und körperlich sehr attraktiv sein.
9. Wenn er (sie) mit Gegenliebe rechnen darf, würde er (sie) Sie gerne lieben.
10. Sie waren schon 20-mal verliebt und werden es noch oft sein.
11. In drei oder vier Jahren.
12. Wenn Sie immer fleißig sind, wird Ihnen nichts abgehen.
13. Nein. Aber die Geheimhaltung wird viele üble Folgen haben.
14. Ja. Besonders wenn Sie heiter sind und ein wenig lächeln.
15. Wenn nicht, so wird es Ihre eigene Schuld sein.
16. Tun Sie es, aber machen Sie nicht viel Aufhebens darum.
17. Bei der nächsten Party.
18. In Kürze werden Sie eine Reise machen, die Ihr ganzes zukünftiges Leben beeinflusst.
19. Wenn Sie im kritischen Augenblick, der sehr bald eintrifft, vorsichtig sind, ja.
20. Ja, aber es bringt Ihnen kein Glück.

Vier-Fünf

1. Bei Tag denkt er (sie) an Sie und nachts träumt er (sie) von Ihnen.
2. Erst nach zwei Jahren.
3. Seien Sie sanft wie eine Taube und fromm wie ein Lamm. Widersprechen Sie ihm (ihr) nicht.
4. Es wird Tränen geben, ob Sie antworten oder nicht.
5. Wenn Sie es tun, werden Sie es früher oder später bereuen.
6. Einen sehr jungen, großen Menschen mit dunklen Augen und schwarzen Haaren. Ein idealer Partner.

7. Einmal. Ihr Gatte wird ein richtiger Haustyrann sein.
8. Dürr wie ein Hering und bei Tisch gefräßig.
9. Sie können sich gar nicht vorstellen, wie sehr er (sie) Sie liebt. Sie sollten die Liebesgedichte lesen, die er (sie) für Sie schreibt.
10. Sie werden sich bald verlieben, aber es wird Kummer geben.
11. In fünf oder sechs Jahren.
12. Nicht sehr.
13. Eine Zeit lang noch nicht.
14. Es heißt, dass Sie ein süßes Engelsgesicht haben.
15. Ja, er (sie) würde es gerne werden, wenn es nicht ein erbitterter Feind verhinderte.
16. Wenn Sie es tun, werden Sie viele Tränen, darunter auch Freudentränen, vergießen.
17. Wenn Sie ihn (sie) besuchen, wird es ihm (ihr) unangenehm sein; und er (sie) wird nicht zu Ihnen kommen.
18. Einladungen werden Sie in Hülle und Fülle bekommen. Sie werden sich die Reise aussuchen können, wenn Sie wollen.
19. Nicht wesentlich.
20. Ja, aber es wird Ihnen viele Feinde schaffen.

Vier-Sechs

1. So wie man an jemanden denkt, der einem sehr gut gefällt.
2. Wie können Sie fragen! Ihnen liegen jetzt schon alle zu Füßen.
3. Tragen Sie immer irgendeine Blume an Ihrer Kleidung.
4. Überlegen Sie doch, wohin das führen kann!
5. Tun Sie so, als handele es sich um etwas Nebensächliches. Auf diese Weise wird es keine nachteiligen Folgen für Sie haben.
6. Zwei. Ein Hansdampf in allen Gassen und ein seriöser Maler.
7. Einmal nur für kurze Zeit, einmal für die Dauer von zwei Jahren und einmal für immer.
8. Ein Geschöpf mit langer Nase, aber einem schönen Körper.
9. Ohne Sie wäre für ihn (sie) tiefe Nacht. Sie sind seine (ihre) Sonne, sein (ihr) Mond und seine (ihre) Sterne.
10. Sie werden sich bald in jemanden verlieben, den Sie bis jetzt verabscheut haben.

11. In sieben Jahren.
12. Nur für kurze Zeit. Sie werden durch einige Unvorsichtigkeiten vieles verlieren.
13. Nein, anderen wird es nie gelingen, das Geheimnis zu lüften.
14. Sie sind entzückend, wenn Sie die Augen niederschlagen.
15. Ja, aber Sie werden kein angenehmes Leben mit ihm (ihr) haben.
16. Leider ist das ganz gleichgültig.
17. Er (sie) ist beleidigt und wird sich eine Zeit lang nicht sehen lassen.
18. Eine sehr, sehr lange.
19. Erst dann, wenn Sie es wünschen.
20. Ja, aber es wird den Neid gewisser Leute erregen, was Sie bekümmern wird.

Fünf-Fünf

1. Noch nicht. Aber wenn er (sie) Sie öfter sieht, wird er (sie) es bestimmt tun.
2. Jemand meint es ernst mit Ihnen, aber Sie haben es noch nicht bemerkt.
3. Was immer Sie auch tun, er (sie) wird immer etwas auszusetzen haben.
4. Überlegen Sie, ob es sich gehört.
5. Wenn Sie Lust dazu haben, ja. Niemand wird etwas davon erfahren.
6. Einen jungen Menschen, dessen Name mit W beginnt, und noch zwei andere.
7. Einmal. Ihr Partner wird jemand sein, den Sie jetzt schon sehr genau kennen.
8. Ein lustiger Kerl, immer zu Späßen und Scherzen aufgelegt.
9. Heimlich, aber er (sie) wird es nie zeigen.
10. Ihr Herz ist zur Zeit nicht frei, wird es aber bald sein.
11. Noch in diesem Jahr, wahrscheinlich in den nächsten sechs Wochen.
12. Ja, aber wenn Sie nicht gut Haus halten, besteht die Gefahr großer Verluste.

13. Ja, früher, als Sie glauben.
14. Wenn Sie sich pflegen und stylen, sehen Sie sehr gut aus, sonst eher durchschnittlich.
15. Nein, denn er (sie) wird niemals heiraten.
16. Wenn es Ihnen wirklich etwas bedeutet, ja.
17. Sie haben ihn (sie) zutiefst verletzt. Er (sie) wird Sie nie wiedersehen.
18. Ja, eine Afrikareise.
19. Ein wenig, und zwar auf höchst angenehme Weise.
20. Das hängt ganz von Ihrer Weisheit und Lebenserfahrung ab.

Fünf-Sechs

1. Ja, aber mit großer Bitterkeit.
2. Der Erste, der Ihnen eine Blume überreicht, wird Ihnen einen Heiratsantrag machen.
3. Was Sie auch tun, es ist vergebliches Bemühen, denn er (sie) wird immer etwas auszusetzen haben.
4. Warten Sie wenigstens noch einen Brief ab, bevor Sie antworten.
5. Wenn Sie es tun, wird Sie derjenige, der Sie darum bittet, als Erster auslachen.
6. Einen jungen, schlanken Menschen und sogar einen entfernten Verwandten.
7. Einmal. Und zwar den Menschen, den Sie jetzt am wenigsten schätzen.
8. Ein richtiger Taugenichts oder eine leicht beeinflussbare Frau.
9. Von ganzem Herzen. Sie sind das Ziel seiner Wünsche.
10. Jemand wird Ihr Herz erobern und Sie aus dem Gleichgewicht bringen.
11. Wenn die Rosen wieder blühen.
12. Wenn Sie wirklich wollen, können Sie es werden. Gedanken sind Kräfte.
13. Sie haben nichts zu befürchten.
14. Nur in Gegenwart Ihres (Ihrer) Liebsten. Für ihn (sie) sind Sie schön wie ein Engel.

15. Natürlich, wer denn sonst?
16. Überlegen Sie es sich gut, denn es wird jemandem weh tun.
17. Ganz unerwartet – nächsten Monat.
18. Eine wunderbare Reise in eine andere Gegend Ihres Heimatlandes.
19. Nicht so bald und nicht so, wie Sie es vermuten.
20. Je größer Ihr Wunsch, desto größer ist die Wahrscheinlichkeit.

Sechs-Sechs

1. Nicht oft, denn wenn er (sie) an Sie denkt, tut ihm (ihr) das Herz schrecklich weh.
2. Ja, von einem Alten mit einer Prothese.
3. Lassen Sie ihn (sie) spüren, dass Sie ihn (sie) lieben. Schicken Sie ein hübsches Geschenk.
4. Ja, mit Humor.
5. Das ist eine ernste Entscheidung und kann unterschiedlichste Folgen haben.
6. Erstens lieben Sie alle Ihre Vettern (Cousinen), auch liebt Sie jemand, den Sie hassen.
7. Egal wie oft, besser, Sie täten es nie.
8. Ein Genie, Sie sind sein (ihr) Ideal und er (sie) das Ihre.
9. Genauso sehr, wie Sie ihn lieben.
10. Sind Sie nicht schon überaus zärtlich verliebt?
11. Wenn die Katze Eier legt.
12. Sie werden immer so viel wie jetzt besitzen.
13. Unter Ihren Freunden befindet sich ein Judas, der es verrät.
14. Man sagt, Sie seien so süß und rein wie eine Blume.
15. Lassen Sie nicht locker! Am Schluss muss er (sie) die Waffen strecken.
16. Wenn Sie skrupellos sein können, versuchen Sie es.
17. Wenn es wieder Frühling wird.
18. Ja, nach Übersee, viele Monate lang.
19. Sehr bald.
20. Nicht ganz.

3. Das Blumen-Orakel

Vielleicht ist das ein Orakel, das Sie besonders gut im Frühling und Sommer anwenden können, denn dann ist die Auswahl an frischen Blumen am größten. Blumen wurde schon immer eine symbolische Bedeutung zugeschrieben. Das Blumen-Orakel bietet wahrscheinlich die amüsanteste Sammlung dieser Interpretationen.

Nehmen Sie ein paar Blumen, notieren Sie ihre Namen und ihre Bedeutung. Dann möge jeder Beteiligte mit geschlossenen Augen eine Blume auswählen. Die Bedeutung der gewählten Blumen ist aus der nachfolgenden Liste ersichtlich und kennzeichnet den Charakter dessen, der die Blume gewählt hat. Einige spielen das Orakel auch mit kleinen Karten. Jeder Blumenname ist auf einer Karte notiert. Anstatt einer frischen Blume wird die Karte gezogen. Hier einige Blumen zur Auswahl:

Rote Rose: Zärtlich
Weiße Rose: Bescheiden
Rosa Rose: Schamhaft
Gelbe Rose: Eifersüchtig
Aster: Unbeständig
Nelke: Hochmütig
Gänseblümchen: Sanft
Tulpe: Leidenschaftlich
Kornblume: Extravagant
Mathiola incana: Hastig
Jasmin: Liebenswürdig
Wildes Stiefmütterchen: Nachdenklich
Lilie: Anmutig
Seidelbast: Kokett
Reseda: Talentiert
Primel: Einfach, schlicht
Weißes Veilchen: Aufrichtig
Stockrose: Ehrgeizig
Schilfrohr: Musikalisch
Eichenblatt: Gastfreundlich
Hyazinthe: Phantasiebegabt
Mohnblume: Faul
Ringelblume: Reich
Pelargonie: Dumm
Mimose: Nervös
Distel: Säuerlich
Roter Fingerhut: Sarkastisch
Lorbeer: Beherrschend
Myrthe: Selbstaufopfernd
Thymian: Sinn für Humor
Nachtschatten: Skeptisch
Gardenie: Vornehm
Klee: Rachsüchtig
Goldrute: Vorsichtig

Der nächste Teil des Orakels ist der Enthüllung des Berufes vorbehalten. Man geht dabei genauso vor wie oben beschrieben.

Lilie: Edelmann
Rose: Künstler
Distel: Soldat
Eichenblatt: Landwirt
Akanthus: Musiker
Rübe: Wohltäter
Tamariske: Verbrecher
Flachs: Heimarbeiter
Eiskraut: Sänger
Efeu: Heiratsvermittler
Weiße Rose: Offizier, Rüstungsbetrieb
Lorbeerblatt: Dichter
Apfelblüte: Rechtsanwalt
Zypresse: Arzt
Tulpe: Geschäftsmann
Petersilie: Koch
Passionsblume: Geistlicher
Kirschblüte: Erzieher
Frauenmantel: Modefachmann
Isländisches Moos: Gesundheitswesen
Aurikel: Maler
Frauenträne: Bauingenieur, Baumeister
Hyazinthe: Sportler
Winterloch: Unterweltler
Nachtschatten: Zauberer

Eine sehr beliebte Art der Zukunftsdeutung ist das Auszupfen von Blütenblättern, wobei man bei jedem Blatt laut sagt: „Er liebt mich, er liebt mich nicht“ oder: „Liebe, Gleichgültigkeit, Heirat, Hass“. Das letzte Blatt gibt dann die entscheidende Antwort. Diese Sitte ist uralt und auch heute noch in vielen Gegenden verbreitet. Am besten eignen sich dafür Astern, Margeriten oder Gänseblümchen. Welche Blüte Sie auch wählen, die Wirkung des Orakels ist von der Art der Blume unabhängig.

Zur Sommersonnenwende geht ein junges Mädchen abends in einen Garten und pflückt eine Rose. Dann wickelt die junge Dame die Rose sorgfältig in ein weißes Stück Papier und wartet bis zum Weihnachtstag. Öffnet sie dann das Paket, findet sie die Rose so frisch wie an dem Tag, an dem sie gepflückt wurde. Verbirgt sie nun diese Rose an ihrer Brust, wird ihr zukünftiger Gatte auftauchen und die Rose herausnehmen. Ist die junge Dame jedoch neugierig und schaut noch vor Weihnachten in das Paket, ist der Zauber gebrochen.

Die Aufrichtigkeit eines Liebhabers kann man leicht prüfen, indem man eine Mohnblüte auf die linke Handfläche legt und mit der rechten darauf schlägt. Zerreißt die Blüte mit lautem Knall, meint der (die) Liebhaber(in) es ernst, zerreißt sie nicht, ist er (sie) untreu und unaufrichtig.

Die Rose, zur Sommersonnenwende um Mitternacht gepflückt, verrät einem alles über den (die) Liebhaber(in). Ist die Rose am nächsten Morgen noch frisch, ist der (die) Geliebte treu, ist sie verblasst, ist er (sie) gleichgültig. Ist sie verwelkt, werden Sie von ihm (ihr) nicht mehr geliebt. Fallen die Blätter ab, werden Sie ihn (sie) bald aus den Augen verlieren.

Eine uralte angloamerikanische Sitte empfiehlt Liebenden, am Vorabend des Valentinstages (14. Februar) je ein Lorbeerblatt an den vier Ecken und in der Mitte des Kopfpolsters zu befestigen. Träumt der Betreffende dann von seinem (seiner) Liebsten, wird er erfahren, ob die Hochzeit noch vor Jahresende stattfindet.

Wenn Sie ganz genau wissen wollen, ob Ihr Liebster (Ihre Liebste) treu ist, vergessen Sie ja nicht, vor dem Schlafengehen ein Lorbeerblatt an die Wand Ihres Zimmers zu heften. Hat sich das Blatt in der Frühe nach links geneigt, ist er oder sie untreu, hat es sich nach rechts geneigt, kann man der Treue und Aufrichtigkeit des (der) Liebsten gewiss sein.

Die Blumensprache

Wer die geheime Bedeutung einer Rose oder Margerite kennen will, muss sich an die Zigeuner wenden. Die unten angeführte Tabelle wird in allen Zigeunerlagern der Welt verwendet. Befragen Sie sie, wenn Sie Blumen schicken, erhalten, sehen oder von ihnen träumen.

Achaemenis: Ein seltener Wert.
Aconitum: Eilen Sie zum Ziel, um Gewissheit zu erlangen!
Adonisblume: Schmerzliche Erinnerungen werden Sie nachts verfolgen!
Adonisröschen: Die Erinnerung an Sie wird traurig sein!
Agnus castus: Ihre Kälte schreckt den Liebsten ab!
Akantum: Sie haben große künstlerische Begabung! Nutzen Sie sie.
Akazie: Keusche, wunderbare Liebe!
Akazie, gelbe: Geheime Liebe, die nie offenkundig wird.
Akazie, rosa: Sie werden immer elegant sein.
Akelei: Ein geliebter Mensch wird Sie verlassen.

Akelei, rote: Sie zittern vor Angst und Sorge.
Aloe: Baldiger Kummer. Bitterkeit verstellt Ihnen Ihren Weg.
Alraune: Die Seltenheit Ihrer Ideen wird sich bezahlt machen.
Amaryllis: Stolz treibt Sie zum Erfolg. Große Ehre wird Ihnen zuteil.
Andorn: Feuer wird Sie groß machen oder vernichten.
Anemone: Bald wird die ganze Hoffnung schwinden.
Apfelblüte: Jähzorn wird Ihre Pläne zunichte machen.
Aster: Ressentiments werden Ihr Leben vergiften.
Atlasblume: Aufrichtigkeit ist in diesem Fall das Beste.
Aurikel: Sie leiden an Geiz und Habsucht!
Azalee: In nächster Zeit empfiehlt sich Mäßigung.
Baldrian: Nachgiebiger Charakter. Ein Vertragsbruch bringt Unannehmlichkeiten.
Beiwurz: Jemand teilt heimlich Ihre Liebe.
Bibinelle: Beschreiten Sie neue Wege!
Bilsenkraut: Fehler anderer werden Ihnen geschäftlich schaden.
Birnbaum: Luxus und Reichtum.
Birne: Die Liebe wird ewig sein.
Bisamkraut: Wenn Sie siegen wollen, überwinden Sie Ihre Schwäche.
Centaurea: Ein Geliebter wird Sie glücklich machen.
Cereus: Genie und Bescheidenheit gehören zusammen.
Christröschen: Sicherheit wird bald das Wichtigste sein.
Chrysantheme: Ihre Liebe wird verschmäht.
Clarkia: Ihre abwechslungsreiche Konversation entzückt.
Dahlie: Unstetigkeit verdirbt Ihr Leben. Bemühen Sie sich um Stabilität.
Dotterblume: Reichtum.
Ebenholz: Die Zukunft sieht düster aus.
Ebenholzbaum: Ihre Persönlichkeit lässt sich schwer durchschauen.
Eberesche: Vorsicht ist immer ratsam.
Efeu: Eheliche Liebe erwartet Sie.
Eibe: Reue wird Ihnen nur gut tun.
Eibisch: Wohlwollen und Gutes tun ist das Geheimnis Ihres Erfolges.
Eichblatt: Verwegenheit bringt Ruhm und Geld.
Eiche: Ihre Gastfreundlichkeit wird sich bezahlt machen.
Eisenkraut: Vernunft wird Ihnen heute beistehen.

Eiskraut: Kontaktversuche und Heiratsanträge werden abgelehnt.
Engelwurz: Sie werden bald Lust auf eine Reise bekommen.
Enzian: Jungfräulicher Stolz mag sich als nützlich erweisen.
Erdbeere: Perfektes Können bürgt für Erfolg.
Esche: Ruhm ist Ihr eigentliches Lebensziel.
Espe: Jammern hilft überhaupt nichts.
Federnelke: Sie leiden mehr denn je unter traurigen Erinnerungen.
Feige: Sie sind vernünftigen Argumenten gegenüber zugänglich.
Fenchel: Was Sie tun, ist lobenswert.
Feuernelke: Religiöse Begeisterung.
Fichte: Ein tränenreicher Abschied naht.
Fingerkraut: Es handelt sich nur um mütterliche Liebe. Eine Tochter bringt Glück.
Flachs: Häuslicher Fleiß ist sehr wertvoll.
Fleur-de-Lis: Flammen werden Schaden anrichten.
Flieder: Bald werden Sie eine große Liebe erleben.
Frauenschuh: Launenhaftigkeit schadet, auch wenn Sie schön sind.
Fuchsie: Tun Sie nicht so, als wären Sie zerbrechlich. Es zahlt sich nicht aus.
Gänseblümchen: Schönheit und Unschuld bringen Ihnen Reichtum.
Gartensalbei: Mit der Weisheit kommt auch Ihr Glück.
Geißblatt: Liebesbande sind Ihre Rettung.
Gewürznelke: An Ihrer Würde wird man Sie erkennen.
Ginster: Ordnungsliebe wird Ihnen nützlich sein.
Glockenblume: Anerkennung, Brief, Telegramm. Sie sollten mehr Dankbarkeit zeigen.
Glyzinie: Ihre Freundschaft ist jedem angenehm.
Goldregen: Schönheit gepaart mit Geist macht das Glück aus.
Hafer: Ihr größtes Talent ist Musik.
Hanf: Das Schicksal hält für Sie Reichtum und Herzenskummer bereit.
Heckenrose: Freud und Leid werden in Ihrem Leben abwechseln.
Heidekraut: Jetzt brauchen Sie Einsamkeit.
Heliotrop: Hingebungsvoller Einsatz bei allem bringt Glück.
Herbstzeitlose: Sie werden Ihr Alter genießen.
Holunder: Diesmal ist Mitleid angebracht.

Hopfen: Gegenwärtig geschieht Ihnen Unrecht.
Hortensie: Prahlen macht Sie unbeliebt. Herzlosigkeit ist in diesem Fall unangebracht.
Huflattich: Sie sind zu kühl.
Hyazinthe: Man will Sie hereinlegen. Unterhalten Sie sich, entspannen Sie!
Immergrün: Angenehme Erinnerungen machen Sie glücklich.
Ingwer: Sie hegen warme Gefühle für jemanden, der Ihnen nahe steht.
Jasmin: Liebenswürdigkeit gehört zu Ihren besten Eigenschaften.
Johannisbeere: Sie machen sich jedermann angenehm.
Kaiserkrone: Der Stolz auf Ihre hohe Abstammung kann zu weit führen.
Kamelie: Man rühmt Sie wegen Ihrer Bescheidenheit bei so vorzüglichen Leistungen.
Kastanie: Recht und Gesetz werden sich der Sache annehmen.
Kirschbaum: Ihre Bildung verschafft Ihnen Ruhm.
Klatschmohn: Man wird Sie trösten, aber seien Sie auf der Hut!
Klee: Ein leichtes Herz wird Sie weit bringen. In Ihnen schlummern Rachegelüste.
Klette: Durch Zudringlichkeit werden Sie nichts erreichen.
Königskerze: Gutmütigkeit ist hier das Wesentliche.
Koriander: Ihre verborgenen Tugenden werden ans Licht treten.
Kornblume: Sie müssen jetzt sehr taktvoll vorgehen.
Lavendel: Verwegenheit bringt Sie zu Fall. Sie sind von Misstrauen umgeben.
Leberblümchen: Vertrauen bringt Reichtum und Erfolg.
Liguster: Verbote machen das Begehren nur größer.
Lilie: Reinheit und Sanftmut machen Sie noch schöner. Ihre Bescheidenheit und Ihr reines Herz machen Sie zur Ausnahme.
Lorbeer: Sie werden am Ende an Ihrer unlauteren Gesinnung zugrunde gehen.
Lotosblume: Beredsamkeit tut jetzt Not. Bald wird die Liebe nachlassen.
Löwenzahn: Das Orakel verheißt sicheres Glück. Zu viel Koketterie kann Ihnen allerdings Schwierigkeiten bereiten.
Magnolie: Sie sind naturliebend. Pracht und Glanz schaffen Ihnen ein Vermögen.

Maiglöckchen: Sie werden Ihr Glück wiederfinden.
Mairose: Vorsicht, Sie sind zu früh dran.
Majoran: Schamhafte Röte wird ihr (sein) Herz gewinnen.
Malve: Die Liebe wird beide Partner verzehren.
Mandelbaum: Wankelmut oder Dummheit könnten Ihre Bemühungen zunichte machen.
Mimose: Überempfindlichkeit wird Ihr Leben ruinieren.
Minze: Tugend macht sich gut bezahlt.
Mistelzweig: Sie werden Hindernisse zu überwinden haben.
Mohn: Ihre Extravaganz nimmt phantastische Ausmaße an.
Moos: Sie haben nur mütterliche Liebe zu erwarten. Langeweile!
Moosröschen: Ihre sinnlichen Reize werden viele erregen.
Myrrhe: Ein schmerzlicher Verlust steht bevor.
Narzisse: Man wird die ehren, die es verdienen.
Nelke: Sie sind sehr fleißig, doch sollten Sie die Liebe nicht vergessen.
Oleander: Vorsicht vor falschen Freunden und Liebhabern!
Olivenzweig: Nur durch Beten erhalten Sie Frieden.
Orangenbaum: Freunde werden sich Ihnen gegenüber großzügig zeigen.
Pelargonie: Seien Sie nicht so melancholisch. Glauben Sie endlich an sich!
Petunie: Halten Sie Ihr Versprechen oder rechnen Sie mit Verlusten.
Pfefferminz: Sie sollten die Herzlichkeit nicht missverstehen.
Pfingstrose: Verschämte Schüchternheit ist der Schlüssel zu Ihrem Erfolg.
Platane: Viel gute Unterhaltung steht bevor.
Preiselbeere: Ihr Herzenskummer findet bald Heilung.
Primel: Durch eigene Tüchtigkeit kommen Sie zu einem Vermögen.
Reseda: Mit inneren Werten und Ihrem Charme werden Sie es schaffen.
Rhododendron: Aufregung macht es nur schlimmer. Achtung, Gefahr!
Ringelblume: Kummer lohnt sich nicht. Seien Sie nicht eifersüchtig.
Rittersporn: Schnelles Handeln rettet die Investition.
Rose, gelb: Bald wird die Liebe vergehen.
Rose, rosa: Sie werden bald merken, ob Sie verliebt sind.
Rose, rot: Ihr Lächeln ist ein Versprechen, die Liebe ist tief.
Rosmarin: Man wird noch jahrelang an Sie denken.
Salbei: Diesmal ist Hochachtung am Platze. Häusliche Tugend wird sich auszahlen.

Schlehdorn: Sie müssen mit Schwierigkeiten rechnen.
Schlüsselblume: Sie sind göttlich schön. Sie können schon in früher Jugend genießen.
Schneerose: Angst hilft nicht. Hören Sie auf, sich zu beunruhigen.
Schwertlilie: Leidenschaft kennzeichnet Ihr Leben.
Seidelbast: Versuchen Sie zu gefallen. Das hilft.
Sonnenblume: Falsche Reichtümer bringen Unsicherheit.
Stachelbeere: Sie sollten längst bereut haben.
Stiefmütterchen: Jemand denkt an Sie!
Stockrose: Ihre Ehe wird fruchtbar sein.
Stroh: Sie sollten sicherheitshalber Abmachungen treffen.
Tanne: Sie werden schon noch zur rechten Zeit befördert werden.
Thymian: Große gesellschaftliche und geschäftliche Betätigung. Durch Sparsamkeit gelangen Sie zu einem Vermögen.
Traube: Übermaß wird Sie ruinieren.
Trauerweide: Sie werden bald jemanden betrauern, der Ihnen nahe steht.
Tulpe, gelb: Ihre jetzige Liebe ist hoffnungslos.
Tulpe, rot: Schenken Sie der unerwarteten Liebeserklärung Gehör.
Veilchen: Treulosigkeit wird Ihnen Kummer bereiten.
Vergissmeinnicht: Jemand liebt Sie aufrichtig.
Wacholder: Verzweifeln Sie nicht! Sie werden immer Hilfe finden.
Waldmeister: Anstand und Bescheidenheit werden geschätzt.
Waldrebe: Kindesliebe lässt sich nicht leugnen.
Walnuss: Klugheit bringt Sie zu Reichtum. Ihr jetziger Plan kann nicht funktionieren.
Weißdorn: Jetzt dürfen Sie die Hoffnung nicht aufgeben.
Wicke: Die Abreise eines Freundes steht bevor.
Winde: Fester Charakter und Zärtlichkeit werden es erreichen.
Ysop: Ihre Reinlichkeit werden andere bemerken.
Zederbaum: In der Liebe sind Sie beständig.
Zentifolie: Sie halten sich für einen Liebschaftsvermittler oder Kuppler.
Zinnie: Hier wird sich Freundschaft nützlich erweisen. Ferne Freunde gedenken Ihrer.
Zitronenbaum: Die eheliche Liebe wird ewig dauern.
Zypresse: Begegnen Sie Ihrer Verzweiflung mit Spiritualität.

4. Das Wahrsagen mit Karten

Spielkarten faszinieren fast alle Menschen. Millionen haben sich bemüht, mithilfe der Karten die Zukunft zu enträtseln. Seit dem 15. Jahrhundert (wahrscheinlich noch früher) waren die Karten nicht nur bei den professionellen Wahrsagern, sondern bei jedermann, ob König oder Bauer, das beliebteste Wahrsagemittel.

Zunächst werde ich die Bedeutung jeder einzelnen Karte erklären. Dann muss der Leser sein Schicksal selbst beurteilen, indem er die verschiedenen Karten und deren Bedeutungen kombiniert. Wie bei allen anderen Kartenspielen besitzt auch hier das Ass den höchsten Wert. Dann kommen König, Dame, Bube, Zehn, Neun, Acht und Sieben. Für gewöhnlich werden beim Wahrsagen nur diese acht Karten verwendet.

Die Wertordnung der verschiedenen Farben: Zuerst kommt Kreuz, weil es meistens der Vorbote glücklicher Umstände ist und selbst dann, wenn es in großer Anzahl oder in Begleitung anderer Farben auftritt, nur selten etwas Negatives bedeutet. Dann kommt Herz, das zumeist Freude, Schönheit und einen ausgeglichenen Charakter verheißt. Im Gegensatz dazu bringt Karo Verzögerungen, Kämpfe, Hindernisse, Bosheit und Ärger. Pik, die unheilvollste Farbe, verkündet Trauer, Geldverlust und Krankheit.

Das ist natürlich nur die allgemeine Bedeutung der Farben. In vielen Fällen wird die Aussage der Karte durch ihre Position völlig verändert, da die individuelle Bedeutung einer Karte oft stark von der allgemeinen ihrer Farbe abweicht. So bedeuten zum Beispiel Herzkönig, Herzneun und Kreuzneun jeweils einen gutmütigen Mann, Reichtum und unerwarteten Gewinn. Aber sobald sich die Position dieser Karten ändert und der König nach dem Aufdecken zwischen die Neuner zu liegen kommt, muss sich ein bisher reicher Mann auf einen materiellen Verlust oder eine Enttäuschung gefasst machen, obwohl er später noch mehr Reichtum erwerben wird.

Eine der beliebtesten Methoden ist das Teilen von je drei Karten. Zuerst muss der Herr oder die Dame, welcher oder welche die Zukunft befragen will, sich von einem König oder einer Dame vertreten lassen. Hat der

Herr einen besonders blassen Teint, so muss er den Karokönig als seinen Stellvertreter wählen. Herz würde jemandem mit dunklerem Teint anstehen, Kreuz jemandem mit bräunlicher und Pik jemandem mit sehr dunkler Gesichtsfarbe. Auf dieselbe Weise lässt sich auch eine Frau von den verschiedenen Damen vertreten. Diese Karten müssen unbedingt in Übereinstimmung mit der Hautfarbe gewählt werden und haben nur die Aufgabe, die ratsuchende Person zu vertreten. Angenommen, Sie selbst wollen die Zukunft befragen:

Mischen Sie die 32 Karten und heben Sie nur mit der linken Hand ab. Jetzt decken Sie die Karten in Dreiergruppen auf. Wenn Sie zwei der gleichen Farbe – zwei Pik, zwei Karo, zwei Herz oder zwei Kreuz – finden, ziehen Sie die höhere der beiden heraus und legen Sie sie aufgedeckt auf den Tisch. Finden Sie in einer Gruppe drei der gleichen Farbe, nehmen Sie wiederum nur die höchste Karte heraus. Im Falle, dass Sie auf drei desselben Wertes stoßen – drei Asse, drei Könige usw. –, legen Sie alle drei auf den Tisch. Nachdem Sie das ganze Spiel in Dreiergruppen aufgedeckt haben, mischen Sie die restlichen Karten noch einmal und heben wiederum mit der linken Hand ab. Dann decken Sie sie wieder in Dreiergruppen auf, bis Sie 13, 15 oder 17 Karten auf dem Tisch liegen haben. Die Karte, von der Sie sich vertreten lassen, muss sich in dieser Gruppe auf dem Tisch befinden. Sollte sie nicht erschienen sein, müssen alle Karten eingesammelt, gemischt, abgehoben und nochmals gelegt werden.

Die Karten liegen nun im Halbkreis auf dem Tisch; zuerst die aus dem Spiel gezogenen, daneben die übrigen, letztere verkehrt herum. Zuerst suchen Sie nun die Karten gleichen Wertes heraus: vier Damen, zwei Asse, drei Neuner usw., um ihre Bedeutung nach den Tabellen zu interpretieren. Dann suchen Sie die Karte, die Sie selbst vertritt, und zählen von ihr aus sieben nach rechts. Nehmen wir an, Sie treffen dabei auf den Herzbuben. Beachten Sie, ob diese Karte aufgedeckt oder verkehrt liegt, und deuten Sie sie nach den Tabellen. Dann zählen Sie von dieser Karte (wobei die Karte mitzählt) weitere sieben ab und deuten wiederum die siebente. Fahren Sie so fort, bis alle Karten ausgewertet worden sind.

Der wichtigste Schritt besteht nun im Kombinieren der Karten. Nehmen Sie die beiden Karten an den Enden des Halbkreises und kombinieren Sie deren Bedeutung. Dasselbe tun Sie mit den nächsten beiden Karten, bis Sie sämtliche Karten, ausgenommen eine, dieser kombinierten Befragung unterzogen haben. Interpretieren Sie nun auch die letzte Karte. Dann sammeln Sie alle Karten ein und mischen wieder.

Nehmen wir an, dass wir vorhin 17 Karten auf dem Tisch hatten. Teilen Sie nun je vier Karten von links nach rechts aus, bis vier Päckchen entstehen. Die vierte Karte birgt die „Überraschung" und wartet bis zuletzt. Das linke Päckchen enthält sechs Karten, die anderen drei je fünf. Nun wählen Sie irgendeines der drei Päckchen. Dieses enthält Ihre Zukunft. Wird das mittlere Päckchen gewählt, dann enthält das links davon liegende die Zukunft der Familienangehörigen und das rechts gelagerte bestätigt die Aussage der anderen beiden. Deuten Sie nun jede Karte, indem Sie mit dem gewählten Päckchen beginnen. Im Folgenden werden die einzelnen Bedeutungen der 32 Karten dargelegt.

Kreuz ♣

Ass

Wunderbare Nachricht, ungeheurer Reichtum, Glück, innere Zufriedenheit, allgemeiner Wohlstand. Wenn die Karte umgekehrt liegt, werden diese Dinge auch geschehen, aber nur kurzfristig.

König

Ein Mann, der menschlich, anständig, aufrichtig und zärtlich ist und treu zu Freunden und seiner Familie steht. Er wird glücklich sein und immer sein Bestes tun, um andere glücklich zu machen. Liegt die Karte umgekehrt, wird diese Person eine große Enttäuschung erleben.

Dame

Eine Frau mit weichem Herzen, zärtlich und gefühlvoll. Leidenschaftlich veranlagt, wird sie vor ihrer Ehe eine Beziehung mit einem großzügigen Mann haben, der sie innig liebt. Schließlich wird sie eine glückliche Ehe eingehen. Liegt die Karte umgekehrt, hat die Person einen unangenehmen Charakter und ist sehr eifersüchtig und boshaft.

Bube
Ein großzügiger, aufrichtiger, gescheiter und begeisterter Freund, der sich jederzeit für Freunde aufopfert. Karte umgekehrt: Ein harmloser Flirt, der durch Schmeicheleien sein Ziel erreichen will.

Zehn
Sehr bald unerwarteter großer Reichtum, Erfolg und Ruhm. Karte umgekehrt: geschäftlicher Misserfolg von nicht allzu großer Bedeutung. Verlust eines engen Freundes.

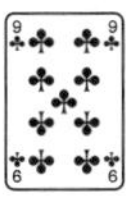

Neun
Eine dickköpfige Person, die vielen Freunden durch ihre trotzige, unnachgiebige Haltung missfallen wird. Nicht einmal ihre großen Erfolge können ihr die Freunde zurückgewinnen. Eine Erbschaft wird Sie in nächster Zukunft vermögend machen. Karte umgekehrt: Statt der Erbschaft erhalten Sie nur ein unbedeutendes Geschenk.

Acht
Wenn Sie die Zuneigung einer Person mit dunklem Teint erwidern, wird es viele materielle Vorteile bringen, denn die betreffende Person ist äußerst habgierig und liebt Geld über alles. Der Reichtum bedeutet jedoch den Abstieg, da das Geld sinnlos verschwendet wird. Karte umgekehrt: die Zuneigung eines Narren oder eines für Sie völlig ungeeigneten Menschen. Falls Sie auf seine Avancen eingehen, wird es viel Kummer geben.

Sieben
Ein Vermögen in bar und in Form von Wertanlagen wird Ihnen zukommen; auch wird eine große Schuld unerwarteterweise eingetrieben. Karte umgekehrt: Das Vermögen wird viel geringer sein; auch müssen Sie sich vor Vertretern des anderen Geschlechts in Acht nehmen, da diese Ihnen Sorgen und Unglück bringen.

Herz ♥

Ass
Sie erhalten einen Liebesbrief oder sonst irgendeine sehr erfreuliche Nachricht. Vor Ihnen liegen Festlichkeiten und Vergnügungen, aber wenn sich diese Karte in Begleitung von Pik befindet, bedeutet es Rauschzustände und Streit. Karte umgekehrt: Sie erhalten den Besuch eines Freundes. Falls Pik nicht dabei ist: angenehmer Besuch.

König
Ein frei denkender, hellhäutiger Mann mit Lebensart und Charakter. Er neigt zur Hast, kann leidenschaftlich werden und stürzt sich gerne in tollkühne Abenteuer. Karte umgekehrt: Er wird bald eine Enttäuschung erleben, Geld, Prestige und sein Heim verlieren.

Dame
Eine liebenswürdige, sanfte Frau mit hellem, zartem Teint. Bei all ihren Handlungen ist sie fraulich und aufrichtig. Karte umgekehrt: Unglück in der Liebe wird diese Frau verbittern. Sie wird jähzornig, als Ehefrau ungehorsam und sich selbst zuwider werden.

Bube
Stellt Ihren besten Freund oder Ihre beste Freundin dar. Diese Person ist übergeschäftig, ein Störenfried, eifersüchtig und gegen die Fährnisse des Lebens abgehärtet. Aber als Freund oder Freundin kann sie notfalls auch warmherzig und hilfreich sein. Hervorstechende Eigenschaften: Vergnügungssucht und Leidenschaft fürs Pferderennen. Karte umgekehrt: Die Person ist sehr unzufrieden, und wird sie verletzt, ist sie nachtragend und unversöhnlich.

Zehn
Eine gutmütige, glücklich veranlagte Person, die im Lauf der Zeit über alle Menschen siegen wird. Er oder sie wird viele Kinder haben. Karte umgekehrt: Die Person wird von leichten Angstgefühlen bedrängt, aber ihre Probleme sind bald gelöst.

Neun
Glück, Freude, Wertschätzung seitens der Freunde, auch Reichtum und Ruhm. Alle Verluste werden wieder eingebracht. Karte umgekehrt: Kein innerer Friede ist in Sicht, Verluste sind unwiederbringlich und für längere Zeit ist mit Unannehmlichkeiten zu rechnen.

Acht
Die Bewunderung einer Person mit hellem Teint wird Sie bezaubern; guter Gesundheitszustand und allgemeiner Erfolg. Karte umgekehrt: Jemand, den Sie lieben, vergilt Ihre Liebe mit Gleichgültigkeit; schlechter Gesundheitszustand wird Besitzverlust mit sich bringen und bald werden auch Freunde Ihnen ausweichen.

Sieben
Glückliche Ehe, innerer Friede, angenehme Gedanken und Zufriedenheit. Karte umgekehrt: Eine ungetreue Person, lasterhaft, mit schwachem Charakter und rachsüchtig, wird für alle Untaten zweifelhafte Entschuldigungen finden. Es handelt sich meistens um einen starken Trinker, der für Missetaten die Folgen zu tragen hat.

Karo ♦

Ass
Ein Mensch, der Freiluftsport, wie Schwimmen und Skilaufen, gerne hat. Auch liebt er Gartenarbeit, Forstwirtschaft und Ähnliches. Hier ist er erfolgreich. Auch verkündet diese Karte das baldige Eintreffen eines Briefes. Liegt sie umgekehrt: Der Erfolg lässt noch lange auf sich warten und der Brief enthält eine schlechte Nachricht.

König
Weist auf einen Mann mit feurigem Temperament hin, der jedoch lange seinen Zorn beherrschen kann, bevor er zuschlägt. Er wartet auf Gelegenheit zur Rache, ist nachtragend, hinterlistig und gefährlich. Karte umgekehrt: Die Person ist noch hartnäckiger in

ihrer Rachsucht, doch steht sie vor einer großen Gefahr, die sie durch ihre eigenen Machenschaften heraufbeschworen hat.

Dame
Ein unbeständiger Charakter, eine schlechte Hausfrau. Sie liebt männlichen Umgang und scheut keinen Skandal, da sie eine schlechte Erziehung genossen hat. Sie vernachlässigt ihr Äußeres, entbehrt jeder Tugendhaftigkeit und ist eine ständige Plage. Karte umgekehrt: In ihrer Skrupellosigkeit ist sie ausgesprochen gefährlich.

Bube
Ein selbstsüchtiger Mensch, der nur auf sein eigenes Interesse bedacht ist, wie nahe er Ihnen auch stehen mag. Er besteht auf seiner Meinung, verträgt keinen Widerspruch. Die Karte bedeutet auch, dass ein Freund treulos oder klatschsüchtig ist. Karte umgekehrt: Die Person wird Ihnen Sorgen bereiten und Sie unglücklich machen.

Zehn
Diese Karte verspricht einen sehr reichen Partner, viele Kinder und Großzügigkeit. Eine Reise und ein Wechsel des Wohnsitzes stehen bald bevor. Karte umgekehrt: Viel Unglück, der Reichtum wird verloren gehen, die Ehe wird unglücklich sein, und wenn es überhaupt Kinder gibt, so werden diese kränklich sein.

Neun
Besagt, dass Sie ein unruhiger Geist sind, der sich nirgends endgültig einrichtet, sich leicht ärgert und nie zufrieden ist. Ärgernisse und Enttäuschungen sind Ihr tägliches Brot. Karte umgekehrt: Es gibt Familienstreit oder eine Auseinandersetzung zwischen Liebenden, die zum Bruch führt.

Acht
Eine erotische Beziehung steht bevor. Sie sind gegen die Ehe und werden erst spät im Leben heiraten. Karte umgekehrt: Die erotische Beziehung wird nicht zustande kommen.

Sieben
Die glücklichsten Tage werden Sie auf dem Lande oder in einer Kleinstadt verbringen. Das Großstadtleben ist nichts für Sie. Wenn Sie in die Stadt ziehen, werden Sie unglücklich sein, denn Ihr Ehemann wird Sie betrügen und Ihr gesamtes Vermögen wird sinnlos verschwendet. Karte umgekehrt: Sie werden gegen Ihren Willen in einen Skandal verwickelt, der in jeder Hinsicht kostspielig sein wird.

Pik ♠

Ass
Auf dem Gebiet der Liebe erwartet Sie viel Angenehmes. Es kann sich um eheliche oder außereheliche Beziehungen handeln. Unvorsichtigkeit wird ein Grund für Ihren Ruin sein. Karte umgekehrt: Es steht Ihnen Liebeskummer, Niedergeschlagenheit und eine schlechte Nachricht bevor. Im Augenblick erwarten Sie viele ernste Probleme, von denen Sie bald in Kenntnis gesetzt werden. Voreiliges Handeln kann auch zu einer Freiheitsstrafe führen.

König
Ein äußerst ehrgeiziger, neiderfüllter, skrupelloser und unehrlicher Mann wird eine große Rolle in Ihrem künftigen Leben spielen. Wahrscheinlich handelt es sich um einen unehrlichen Rechtsanwalt, auf jeden Fall aber um einen Feind. Sie müssen ihn fürchten. Karte umgekehrt: Sie brauchen sich seinetwegen keine allzu großen Sorgen zu machen, denn die Bosheit dieses abscheulichen Menschen wird bei Ihnen nichts vermögen.

Dame
Eine liebende Witwe oder auch ein allein stehendes Mädchen, das noch nie verheiratet war. Sie wird von Vertretern beiderlei Geschlechts verdorben und ihre Tugend wird oft bedroht. Karte umgekehrt: eine gefährliche, boshafte Frau, der man kein Vertrauen schenken kann.

Bube
Jemand, der es gut mit Ihnen meint, aber von Natur aus faul ist. Karte umgekehrt: ein dunkler, schlecht erzogener junger Mann, der gerade dabei ist, gegen Sie Intrigen zu spinnen und Ihnen Unannehmlichkeiten bereiten will.

Zehn
Diese Karte ist immer schlecht, da sie Gefängnis, Tränen, schwere Krankheit und möglicherweise auch Abschied bedeutet. Oft hebt sie die gute Vorbedeutung anderer Karten auf. Karte umgekehrt: Die Übel sind nicht so groß. Es ist ein vorübergehendes Problem, ein kleinerer Kummer oder Gefängnisstrafe für kurze Zeit.

Neun
Das ist die schlimmste Karte des ganzen Spiels. Sie bedeutet eine sehr gefährliche Krankheit, grausame Schicksalsschläge, den Verlust des gesamten Vermögens, endlosen Familienzwist und Abschied. Karte umgekehrt: All diese schrecklichen Dinge werden einem lieben Freund oder Verwandten zustoßen.

Acht
Die zweitschlimmste Karte des Spiels. Sie werden von Freunden, denen Sie Ihr Vertrauen zu Unrecht geschenkt haben, verlassen; auch droht Ihnen eine Krankheit, von der Sie nur schwer, wenn überhaupt, genesen werden. Sie sollten sofort alle Ihre bisherigen Pläne aufgeben und einen neuen Beginn in Erwägung ziehen. Karte umgekehrt: Eine Ehe wird in die Brüche gehen oder ein Heiratsantrag wird abgewiesen werden.

Sieben
Betrifft den Verlust eines sehr engen Freundes, der für Sie jahrelang von großer Bedeutung war. Der Abschied von ihm wird Ihnen viel Kummer bereiten und Sie in eine tiefe Depression stürzen. Karte umgekehrt: Kleinere Missstände werden Sie quälen. Sie werden sich auf eine törichte Affäre einlassen.

Die Auslegung der Kombinationen

Vier Asse

Der Erfolg ist Ihnen sicher. Sie werden mit Ehren überhäuft und ein Vermögen durch Geschäfte oder Kapitalanlagen erwerben. Ruhm und einflussreiche Freunde bleiben nicht aus. Wenn alle vier Asse umgekehrt liegen: Sie werden sich hoch verschulden, alles verlieren, großen Gefahren begegnen und vielleicht sogar verhaftet werden. Man wird Sie der öffentlichen Schande preisgeben. Wenn nur eine oder zwei Karten umgekehrt liegen, so ist die Gefahr, dass Ihnen all diese üblen Dinge zustoßen, etwas geringer.

Drei Asse

Gute Nachricht und bei vielen Dingen wunderbares Glück. Karten umgekehrt: Sie werden sich auf ein törichtes Unternehmen einlassen und am Ende Verluste zu verzeichnen haben, die aber nicht allzu schwer sein werden.

Zwei Asse

Sie werden bald eine ungewöhnliche, recht erfreuliche Nachricht erhalten. Seien Sie jedoch vorsichtig, da eine Intrige gegen Sie dahinter stecken könnte. Karten umgekehrt: Die Intrige erweist sich als harmlos; anstelle der Nachricht werden Sie wahrscheinlich eine Einladung erhalten.

Vier Könige

Viel Erfolg und Ehre, eine unerwartete Erbschaft, berufliche Beförderung. Eine glückliche Kombination. Umgekehrt: Die Erfolge sind kleiner.

Drei Könige

Eine wichtige Geschäftsbesprechung wird von großem Erfolg sein und ein neuer Freund wird sich für Ihre Karriere als sehr nützlich erweisen. Karten umgekehrt: Resultate der Besprechung sind ungünstig.

Zwei Könige

Sie werden bald Teilhaber an einem Geschäft, das großen Gewinn bringt. Karten umgekehrt: Die Teilhaberschaft wird nicht zustande kommen und, falls sie schon existiert, zugrunde gehen.

Vier Damen

Großes Gesellschaftsleben, Besuche von Freunden, wichtiger Empfang. Karten umgekehrt: Diese Gesellschaften werden kein Vergnügen sein.

Drei Damen

Freunde und Bekannte werden Ihr Äußerstes tun, Ihnen zu helfen. Sie werden viele Einladungen bekommen. Karten umgekehrt: Es wird Klatsch, Skandal, Arglist, Streit, Verleumdung und Verrat geben. Seien Sie auch gegenüber Menschen, die Sie für Freunde halten, misstrauisch.

Zwei Damen
Ein wichtiges Treffen zweier guter Freunde; Gesellschaftsleben mit einem Ihnen nahe stehenden weiblichen Wesen. Karten umgekehrt: Es drohen Armut und Schwierigkeiten, die mit Freunden in Zusammenhang stehen.

Vier Buben
Ein freundschaftliches Treffen, lärmende Gesellschaften und gute Unterhaltung. Umgekehrt: Es wird zu viel getrunken und gestritten.

Drei Buben
Ungetreue Freunde werden Ihnen Unannehmlichkeiten bereiten, wenn Sie sie am wenigsten erwarten. Karten umgekehrt: Sie werden mit einer Person aus der Unterschicht Streit haben, der einen Prozess zur Folge hat.

Zwei Buben
Jemand meint es nicht gut mit Ihnen, vielleicht sogar jemand, den Sie am wenigsten verdächtigen. Die Angelegenheit wird höchst unangenehm sein. Karten umgekehrt: Es droht Ihnen Gefahr durch Gewaltakte und Sie müssen Vorsichtsmaßregeln ergreifen. Zurzeit wird gegen Sie intrigiert.

Vier Zehner

Schon die nächste Zukunft bringt großen Profit bei geschäftlichen Unternehmungen, unerwartete Beförderung, viel Glück und eine Erbschaft. Karten umgekehrt: All diese günstigen Ereignisse werden in einem geringeren Ausmaß und zu einem späteren Zeitpunkt eintreten.

Drei Zehner

Ihr Stern ist im Aufgehen, Sie werden eine hohe gesellschaftliche Stellung erreichen. Aber es ist nicht gesagt, dass diese Veränderungen Sie glücklich machen werden. Karten umgekehrt: Falsches Benehmen wird jeden Erfolg zunichte machen.

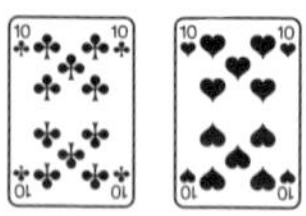

Zwei Zehner

Eine berufliche Veränderung, die sowohl finanziellen als auch gesellschaftlichen Vorteil bringt, steht bevor. Auch werden Sie Ihren Wohnsitz wechseln, um sich dem neuen Lebensstil anzupassen. Karten umgekehrt: Diese Ereignisse liegen in ferner Zukunft.

Vier Neuner

Sie werden eine große Überraschung erleben und eine angenehme Nachricht erhalten. Karten umgekehrt: Bei einem öffentlichen Diner werden Sie es herausfinden.

Drei Neuner
Viel Glück, innere Befriedigung, Freude, Gesundheit und angenehme Aufregungen erwarten Sie in nächster Zeit. Die Karten sind ein ausgezeichnetes Omen. Karten umgekehrt: Ihr Reichtum wird in der Ehe durch nachlässiges Wirtschaften verloren gehen.

Zwei Neuner
Betrifft wichtige Dokumente und ist ein gutes Omen für Geschäftsleute; es verheißt Profit und Wohlstand.

Vier Achter
Eine kurze Reise und viele Freunde erwarten Sie in naher Zukunft. Karten umgekehrt: Die Reise unternimmt ein Verwandter, der Sie besucht.

Drei Achter
Sie denken momentan an Liebe und Ehe, aber was Sie am meisten begehren, ist augenblicklich nicht erreichbar. Es gereicht Ihnen zum Nutzen, wenn alles für eine Zeit lang verschoben wird. Eine neue Verlobung ist in Sicht. Karten umgekehrt: Ihr Liebesleben ist nur eine Torheit. Sie haben zu viele oberflächliche Flirts, was Anlass zu Ärgernis geben könnte.

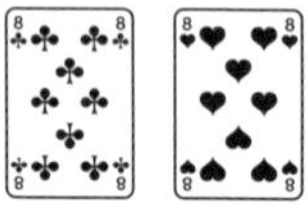

Zwei Achter

Viel Angenehmes erwartet Sie. Auch schwelgen Sie in Liebesträumen, die aber zu nichts Konkretem führen. Karten umgekehrt: Man wird Sie Ihrer Gefühle wegen ausnützen und dann fallen lassen.

Vier Siebener

Sie werden in viele Kontroversen, Intrigen, Skandale und Streitereien mit Leuten aus der Unterschicht verwickelt werden. Man wird Ihnen drohen, und Sie müssen vorsichtig sein. Karten umgekehrt: Es wird Ihnen nichts geschehen, denn Ihre Feinde werden in die eigene Grube fallen.

Drei Siebener

Sie werden plötzlich erkranken, Besitz einbüßen und vorzeitig altern. Karten umgekehrt: Sie werden weniger leiden müssen und sich vielleicht erholen.

Zwei Siebener

Sie werden in gehobener Stimmung sein, das Glück wird Ihnen lachen, finanzieller Gewinn und Erfolg sind Ihnen sicher. Karten umgekehrt: Sie werden frühere Handlungen bereuen. Seien Sie auf der Hut vor Verrat seitens einer Ihnen bekannten Person.

5. Das Kaffeesatz-Orakel

Es gibt wohl kaum einen Menschen, der nicht schon versucht hat, aus dem Kaffeesatz oder den Teeblättern geheime Winke für die Zukunft zu erhalten. Die einzige verlässliche Methode beanspruchen jedoch die Zigeuner für sich, die ja bekanntermaßen Meister auf dem Gebiet des Wahrsagens sind. Das Orakeln aus dem Kaffeesatz hat immerhin eine Tradition, die Jahrhunderte zurückreicht.

Bei dieser okkulten Kunst gehen Sie folgendermaßen vor: Sie leeren den Kaffeesatz oder die Teeblätter in eine weiße Porzellantasse und schütteln sie gut durch, bis die Blätter oder der Satz die ganze Innenfläche der Tasse bedecken. Dann drehen Sie die Tasse um und schütten die losen Teilchen in die Untertasse oder in den Abfalleimer. Was in der Tasse haften bleibt, bildet die Figuren, aus denen man wahrsagen kann.

Die Figuren stellen die nachfolgend aufgeführten Symbole nicht immer genau dar, und das kann man auch nicht erwarten. Es genügt jedoch, wenn sie den Gegenständen oder Figuren ähnlich sind. Je fruchtbarer die Phantasie des Interpreten ist, desto aufschlussreicher werden natürlich diese Symbole für ihn sein und desto mehr wird er in der Tasse entdecken können.

Ob eine Figur auf dem Boden der Tasse Vergangenheit, Gegenwart oder Zukunft bedeutet, bleibt dem Urteil des Deuters überlassen.

Anker
Er ist das Symbol der Hoffnung, des Wohlstands. Für Geschäftsleute ist es besonders wichtig, falls es auf dem Boden der Tasse erscheint. Sollte der Anker aber deutlich nahe oder auf dem Tassenrand auftreten, ist er ein Zeichen für lang anhaltende Liebe und Treue. Ist sein Umriss durch andere Blätter oder den Satz getrübt, bedeutet es Untreue und vielleicht sogar Scheidung.

Baum
Ein einzelner Baum, scharf umrissen und isoliert, ist ein Zeichen für lebenslange Gesundheit. Zeigt sich jedoch eine Gruppe von Bäumen, wird vor vielen unglücklichen Ereignissen gewarnt, die man durch Vorsicht vermeiden kann. Wenn zwei Bäume voneinan-

der getrennt auftreten, gehen alle Wünsche in Erfüllung und man wird am Ende alles erreichen, was man sich als Ziel gesteckt hat.

Berg
Zeigt sich ein einzelner Berg, so haben Sie verlässliche Freunde in einflussreicher Position, die Ihnen immer behilflich sein werden. Zeigen sich mehrere Berge, handelt es sich um eine größere Anzahl mächtiger, hilfreicher Freunde. Um mächtige Feinde handelt es sich, sind die Berge von wolkenähnlichen Gebilden umhüllt.

Blumen
Kunde von Erfolg in allen Lebensphasen. Egal, an welcher Stelle sich die Blume befindet. Wichtig ist, dass sie deutlich erkennbar ist. Je deutlicher sie erscheint, desto größer der Erfolg.

Brief
Er symbolisiert immer eine Nachricht, die bald eintreffen wird. Ist er klar erkennbar, wird es sich um eine günstige und daher willkommene Nachricht handeln. Sollte er aber undeutlich sein, so werden Sie von etwas Schlechtem in Kenntnis gesetzt werden. Es kann Geldverlust, Krankheit oder etwas anderes Unangenehmes sein. Umgeben Punkte den Brief, so wird man Geld oder irgendeinen Wertgegenstand erhalten. Befindet sich bei dem Brief ein Herz und sind beide deutlich erkennbar, so wird man bald eine erfreuliche Liebesbotschaft empfangen. Sind sie undeutlich, so kann man mit dem plötzlichen Ende einer Liebesbeziehung oder mit der Ablehnung eines Heiratsantrages rechnen.

Busch
Sie haben viele vertrauenswürdige Freunde, die viel für Sie tun werden. Was immer Sie sich wünschen, sei es Ruhm, Reichtum oder Ehren, werden Sie erhalten. Handelt es sich um einen kahlen Busch, wird das Glück nicht ganz so vollkommen sein. Ist der Busch sehr klar und deutlich zu erkennen, werden Sie durch eine Erbschaft oder ein Geschenk eine große Geldsumme in bar erhalten.

Fisch
Ein Glück bringendes Ereignis wird stattfinden. Ist der Fisch deutlich erkennbar, werden Sie zu Geld kommen und keine finanziellen Schwierigkeiten mehr haben. Ist er undeutlich, werden Sie mit bevorstehenden Problemen leicht fertig werden. Befinden sich Punkte oder Flecke bei dem Symbol, so müssen Sie in Zukunft Umsicht und Vorsicht walten lassen.

Frau
Am oberen Tassenrand bedeutet eine deutlich sichtbare Frauengestalt eine glückliche Liebesgeschichte, bei der das Mädchen sehr redlich ist. Ist die Figur nur unklar, so wird Eifersucht die Freuden dieser Beziehung dämpfen. Gibt es Punkte oder Flecke bei dieser Figur, handelt es sich um eine fruchtbare und reiche Frau. Mit einer Witwe, Geschiedenen oder sonst einer erfahrenen Frau haben Sie es zu tun, ist das Zeichen auf dem Boden der Tasse.

Fußgänger
Dieses Symbol bedeutet geschäftlichen Profit, neue, nützliche Freundschaften, eine Reise oder kurze Ferien sowie das Wiedererlangen gestohlener Dinge. Für eine Frau ist es ein günstiges Omen, das einen gütigen, verständnisvollen und fleißigen Ehemann verheißt.

Garten
Eine Party oder eine andere vergnügliche Geselligkeit. Hebt sich die Figur deutlich ab, so werden sehr enge Freunde anwesend sein. Sollte sie undeutlich sein, so hüten Sie sich vor jemandem, der sich augenblicklich als ein enger Freund ausgibt.

Haus
Erscheint dieses Symbol nahe dem oberen Rand, werden Sie bei all Ihren Unternehmungen Erfolg haben. Sollte Ihre Lage augenblicklich nicht sehr günstig sein, brauchen Sie sich keine Sorgen zu machen, denn alles wird bald eine dramatische Wendung zum Guten nehmen. Taucht das Haus in der Mitte oder unten auf,

werden Sie zur Vorsicht mit Freunden und Geschäftspartnern gemahnt, da jemand darauf lauert, Ihnen Schaden zuzufügen.

Herz

Erscheint das Herz deutlich, bedeutet es Glück und genussreiche Erlebnisse in der Zukunft. Ist es von Flecken umgeben, wird man bald Geld erhalten. Erscheinen zwei Herzen zusammen, wird es bald zu Verlobung oder Hochzeit kommen. Sollte ein Buchstabe die Herzen begleiten, muss es der Anfangsbuchstabe vom Namen des Partners sein. Erscheint dieser Buchstabe klar und deutlich, handelt es sich um eine aufrichtige Person; ist er trüb, handelt es sich um eine in der Liebe recht erfahrene Person.

Hund

Immer ein Zeichen großer Hingabe und Treue, falls es deutlich und nahe am oberen Rand erscheint. Ist es jedoch von Satzspritzern oder Blättern umgeben, sind einige Menschen, die Sie für enge, aufrichtige und treue Freunde halten, in Wirklichkeit nicht das, was sie zu sein scheinen. Taucht der Hund weiter unten oder auf dem Boden der Tasse auf, müssen Sie sich hüten, jemanden zu beleidigen, da das sehr üble Folgen für Sie haben kann.

Kind

Erscheint dieses Symbol klar und deutlich nahe dem oder am oberen Tassenrand, wird es bald zu einer sorglosen, leichten Liebesaffäre kommen. Zeigt es sich jedoch als undeutliche Masse, wird die Affäre ernstliche Folgen haben. Es wird zu großen Ausgaben kommen, um die Dinge zu vertuschen. Ist das Symbol undeutlich und befindet es sich in der Nähe des Bodens der Tasse, so wird aus der Verbindung ein Kind hervorgehen, das beiden Teilen Unannehmlichkeiten und Geldausgaben verursacht.

Kleeblatt

Hier und auch im täglichen Leben ein glückliches Omen. Wie sich das Glück auswirken wird, hängt von der Position des Kleeblatts in der Tasse ab. Befindet es sich nahe dem oder ganz oben am Tassenrand, so handelt es sich um baldiges Glück. Ist es auf mittlerer Höhe oder auf dem Boden der Tasse zu sehen, so wird das Glück zwar sicher, aber erst viel später eintreten. Zeigt sich das Kleeblatt scharf umrissen und isoliert, bedeutet es Heiterkeit und ungetrübtes Glück, sollte es aber von Wolken umgeben sein, wird das Glück von einigen Pechsträhnen durchzogen sein.

Kreuz

Immer ein sicheres Zeichen für Unglück oder ein Hinweis, dass Ihnen jemand ernstlich schaden will. Erscheint das Kreuz sehr nah oder genau am Tassenrand, so wird das Unglück sehr schnell vorübergehen, und Sie werden sich bald von seinen Folgen erholen. Befindet es sich jedoch in der Mitte oder auf dem Boden der Tasse, so müssen Sie mit schweren Prüfungen rechnen, die ein schlimmes Ende haben werden, besonders dann, wenn das Kreuz nur undeutlich ist. Befinden sich jedoch Punkte oder Flecke in der Nähe des Kreuzes, werden Sie sich schnell erholen und bei einem Gerichtsprozess wird Ihnen Ihr Recht bestätigt.

Lilie

Am oberen Rand der Tasse bedeutet sie, dass Sie schon einen Ehepartner gefunden haben oder noch finden werden. Erscheint die Lilie auf dem Boden der Tasse, wird es zu einem Zornesausbruch kommen; ist sie getrübt oder dick, muss man mit vielen Unannehmlichkeiten rechnen. Erscheint sie – egal wo – klar und deutlich, bedeutet das ein langes, glückliches Leben.

Löwe oder andere wilde Tiere

Erscheint ein solches Tier am oberen Rand, ist es ein gutes Zeichen, denn es verheißt großen Wohlstand und Aufstieg in der Gesellschaft, wo man mit hoch gestellten, einflussreichen Persönlichkeiten zusammentrifft. Erscheint es weiter unten auf dem Boden, sollten Sie sich von all diesen Dingen fernhalten, da die Eifersucht einer anderen Person Ihnen sonst sehr schaden könnte.

Maus

Bedeutet Raub, Diebstahl, Betrug und Unlauterkeit. Ist das Zeichen klar erkennbar, kann man all diese Dinge durch mehr Vorsicht abwenden. Sollte es aber dick und unklar auftreten, müssen Sie sich anstrengen, dem Schuldigen das Handwerk zu legen. Nur Sie selbst können etwas gegen etwaige Verluste unternehmen.

Messer

Deutlich sichtbar und gegen Sie gerichtet, bedeutet das Messer, dass jemand Böses gegen Sie im Schilde führt und dass nur sofortige Vorsichtsmaßnahmen das Unheil abwenden können. Ist das Symbol undeutlich erkennbar, wird der Schaden größer sein. Zeigt die Spitze des Messers jedoch in die entgegengesetzte Richtung, so sind Sie selbst es, der sich an jemandem rächen möchte.

Mond

Deutlich sichtbar, verheißt dieses Symbol viele große Ehren und Reichtümer, wenn es sich am oberen Rand der Tasse befindet. Aber auch auf dem oder nahe dem Boden bedeutet ein deutlicher Mond ein glückliches Leben. Taucht er jedoch dick und trüb auf, müssen Sie mit kleineren Enttäuschungen rechnen, über die Sie aber bald hinwegkommen werden.

Reiter

Ist dieses Symbol deutlich sichtbar, erhält man gute Nachricht aus dem Ausland, ein glänzendes Angebot oder etwas Ähnliches. Selbst wenn es undeutlich ist, handelt es sich um ein günstiges Zeichen, obwohl die gute Nachricht etwas länger auf sich warten lässt.

Ring

Er ist das Symbol der Ehe. Erscheint er deutlich am oberen Rand, bedeutet es eine sehr glückliche Ehe; ist er nicht deutlich sichtbar, so müssen Sie vorsichtig sein, da Sie zur Zeit betrogen werden. Ein Ring auf dem Boden der Tasse besagt, dass es nie zu der Ehe kommen oder dass sie nicht von langer Dauer sein wird.

Rose
Immer ein Zeichen für große Erfolge auf den Gebieten der Wissenschaft und der Kunst. Auch verheißt sie ein glückliches Familienleben und viele harmonisch veranlagte Kinder. Die Liebe wird immer eine große Rolle im Leben spielen.

Schlange
Ein deutliches Warnsignal vor einem Feind und boshaften Lügner, der Ihnen schaden will. Zeigt sich das Symbol am oberen Tassenrand, genügt ein wenig Vorsicht, um die Pläne des Gegners unschädlich zu machen. Befindet sich die Schlange jedoch auf dem Boden oder nahe daran, so handelt es sich um einen Menschen, den man nicht verdächtigt und der umso gefährlicher ist. Ist die Figur umwölkt, so wird der Feind gewissen Erfolg erzielen, aber nicht endgültig triumphieren. Erscheint ein Buchstabe in der Nähe des Symbols, kann er ein Hinweis auf den Namen des Feindes sein. Auch müssen Sie sich vor Wutausbrüchen hüten, da Sie sonst große Unannehmlichkeiten bekommen. Das Zeichen der Schlange darf nie leicht genommen werden.

Sense
Wenn sie dick und trüb aussieht und in Verbindung mit der Form eines Stundenglases oder auch allein auftritt, bedeutet sie unmittelbare Lebensgefahr. Ziemlich klar erkennbar, aber von einigen Punkten umgeben, warnt sie vor einer großen Enttäuschung in der Liebe. Ist die Sense aber klar und scharf umrissen, so wird Ihr Geliebter oder Ihre Geliebte ewige Treue halten und falls Sie verheiratet sind, werden Sie eine lange und glückliche Ehe führen.

Sonne
Deutlich und klar am oberen Rand, bedeutet sie das größte Glück bei jedem Unternehmen und ein glückliches Leben im Allgemeinen. Erscheint sie jedoch in einer trüben Masse, so muss man mit vielen Erkrankungen rechnen. Umgeben Punkte und Flecke die Sonne, muss man bald mit einer leichten Erkrankung rechnen.

Stab oder Stock
Ist er deutlich zu sehen, wird viel Geld, das jemand hinterlassen hat, der Grund für ernste Auseinandersetzungen innerhalb der Familie sein. Ist das Symbol dunkel und unscharf, so werden Sie nicht nur Ihren Anteil am Reichtum an eine andere Person verlieren, sondern auch bald mit anderen schweren Situationen und einer Krankheit konfrontiert werden.

Sterne
Treten sie am oberen Tassenrand isoliert auf, bedeuten sie große Seligkeit. Sieht man sie inmitten von Wolken oder einer Masse dicker Blätter oder dicken Satzes, so wird man zwar lange und gesund leben, aber viele ernste Sorgen und Unannehmlichkeiten haben. Sind die Sterne von Flecken umgeben, so stehen Reichtum, Ehre und allgemeine Hochachtung bevor. Kommen mehrere Sterne vor, so wird man eine große Familie und viele Kinder haben. Wenn mehr als ein Stern Flecken in seiner Umgebung aufweist, werden die Kinder in späteren Jahren eventuell Sorgen und Ärger bereiten.

Straße
Scharf umrissen bedeutet der Weg sehr wichtige, sogar dramatische Veränderungen, die günstig sind. Sollte er aber dick und undeutlich erscheinen, so muss man mit argen finanziellen und gesundheitlichen Rückschlägen rechnen. Umgeben Punkte oder Flecke den Weg, haben Sie ein langes, produktives Leben vor sich. Auch werden Sie in wenigen Jahren zu Reichtum gelangen.

Vogel
Taucht das Vogelsymbol klar erkennbar an irgendeiner Stelle der Tasse auf, so werden bald alle, auch die finanziellen Probleme gelöst sein. Erscheint es in einer dicken, wolkenartigen Masse, wird sich der jetzt schon hohe Lebensstandard noch weiter erhöhen. Befinden sich aber Punkte oder Flecke bei dem Vogel, werden Sie bald eine lange Reise oder andere Fahrt unternehmen.

Wolken
Deutlich und mit ein paar Flecken versehen, verheißen Wolken Glück und Erfolg. Sind sie von Punkten und Flecken umgeben, ist der berufliche Erfolg sicher, wenn man kein allzu großes Risiko eingeht. Sind die Wolken sehr undeutlich, sollte man einen Berufswechsel oder die Änderung der Laufbahn erwägen.

Würmer
Würmer nahe dem oberen Rand bedeuten immer Glück bei Geschäften, Geldanlagen oder in der Ehe. Erscheinen Sie jedoch in der Mitte oder nahe dem Boden, sind sie ein Warnsignal vor Rivalen in Beruf und Liebe, unter denen sich auch enge Freunde befinden können.

6. Die Orakel der Hand

Die Handlesekunst

Die Chiromantie oder Handlesekunst besteht darin, den Charakter und das Schicksal eines Menschen aus der Beschaffenheit seiner Hand herauszulesen.

Beim Wahrsagen haben die Zigeuner dem Handlesen immer den Vorzug gegeben. Für sie handelt es sich dabei um eine exakte Wissenschaft. Sie glauben aufrichtig daran, dass Vergangenheit, Gegenwart und Zukunft auf den Handflächen geschrieben stehen. Nach ihrer Meinung ist die Hand für den Menschen, was das Blatt für den Baum ist. Sie dient den anderen Organen und ihre Linien hat nicht der Zufall geformt.

Bevor ich mit der Erklärung der Hauptmerkmale der Handfläche beginne, möchte ich den Leser mit vier wichtigen Regeln bekannt machen, die Rouphile, ein berühmter Chiromant des 14. Jahrhunderts, aufgestellt hat:

1. Die Hand darf erst zwei Stunden nach einer Mahlzeit gelesen werden. Sie darf nicht zu warm und nicht zu kalt sein, damit die Linien deutlicher in Erscheinung treten.

2. Aus einer einzigen Linie darf man keine Schlüsse ziehen. Um sich ein Urteil zu bilden, muss man alle Linien und Zeichen in Betracht ziehen.
3. Die Hand von Kindern unter zehn Jahren darf man nicht lesen.
4. Bevor man sich anschickt, eine Hand zu lesen, sollte man mit Alter, Nationalität und den allgemeinen Lebensumständen des Fragenden bekannt sein. Diese Vorsichtsmaßnahme hilft, grobe Irrtümer zu vermeiden.

Bevor er mit der Deutung der Linien beginnt, betrachtet der Chiromant die Gesamterscheinung der Hand und der Finger. Kurze Finger deuten auf das impulsive, energische Temperament eines Menschen hin, der sich nur schlecht konzentrieren kann. Lange Finger sind ein Zeichen von Unentschlossenheit, langsamem Sprechen und Nervosität. Viereckige Hände zeugen von gutem Verstand und Mangel an Idealismus. Spitze, konische Hände gehören ideenreichen Träumern, Spatelhände hart arbeitenden Menschen, meistens Handwerkern.

Wichtig sind auch die Knoten an den Fingergliedern. Der oberste Knoten am Nagelglied bedeutet Skepsis, individualistische Denkweise und Willenskraft. Der zweite Knoten ist ein Zeichen für Präzision und Pünktlichkeit, während der Knoten am untersten Gelenk Realitätssinn verrät. Sind keine Knoten vorhanden, handelt es sich um einen Menschen, der schnell denkt und zum Fanatismus neigt.

Ein kurzer Zeigefinger ist ein Zeichen für Verantwortungslosigkeit, ein gerader spricht für guten Charakter, ein krummer für Mangel an Selbstachtung. Ist er sehr lang, wird die Persönlichkeit vorwiegend von einigen guten Charakterzügen geprägt.

Ein langer Mittelfinger ist ein Merkmal für Behutsamkeit, ein kurzer für übereiltes Handeln, ein krummer für Kränklichkeit.

Ein langer Ringfinger verrät, dass sein Besitzer sich ausschließlich für den Erwerb von materiellen Gütern interessiert, während ein kurzer auf Neigung zu Spekulationen und zu Glücksspielen hindeutet; ist der Finger gerade und von schöner Form, verrät er künstlerische Neigung, ist er gekrümmt, so dient das künstlerische Talent nur dem materiellen Gewinn.

Ein langer kleiner Finger kennzeichnet großen finanziellen Erfolg, ein kurzer einen ziemlich harten Lebenskampf. Wenn der Finger gerade gewachsen ist, herrschen diplomatische Begabung und Opportunismus vor. Ist er gekrümmt, werden gute Chancen im Leben übersehen werden.

Menschen mit langen Daumen sind zielbewusst, solche mit kurzen sind dickköpfig. Gerade Daumen verraten Großzügigkeit, gekrümmte verraten Selbstsucht.

Jemand mit breiten Handflächen lässt auch die Meinung anderer gelten und zeichnet sich durch Großzügigkeit aus. Eine schmale Hand verrät jedoch niedrige Gesinnung und Gefühllosigkeit. Weiche Hände sind ein Zeichen für Saumseligkeit und Faulheit, harte Hände für Tatkraft und Energie. Menschen mit stark gepolsterten Handflächen sind egoistisch und egozentrisch, während Menschen mit platten Handflächen zum Individualismus neigen. Hohle Handflächen spiegeln Charakterschwäche und Feigheit wider. Wird eine Hand von vielen Linien durchzogen, so verrät sie ein empfindliches Gemüt.

Große Nägel sprechen meistens für einen ausgeprägten Geschäftssinn, kleine für einen zynischen und hasserfüllten Charakter. Haselnussförmige Nägel künden von einem liebenswürdigen Naturell, viereckige Nägel von Streitsucht und runde von kritischem Geist und Reizbarkeit. Leidenschaftliche Menschen werden durch rote Nägel, geistig besonders regsame durch weiße Nägel gekennzeichnet. Wer harte Nägel hat, erfreut sich bester Gesundheit, während Besitzer weicher Nägel anfällig sind. Brüchige Nägel sind ein Zeichen überstandener Krankheit, Rillen in den Nägeln verraten eine Neigung zu Haut- und Gelenkkrankheiten. Halbmonde warnen vor Kreislaufbeschwerden.

Haare auf dem Handrücken drücken beim Mann Veränderlichkeit, bei der Frau außerordentliche Grausamkeit aus. Ein behaarter Daumen ist das Merkmal für einen erfinderischen Geist; sind jedoch alle Finger behaart, so lässt das auf ein jähzorniges Temperament schließen. Völliger Haarmangel auf den Händen eines Mannes bedeutet Feigheit, auf Frauenhänden bedeutet er Weiblichkeit.

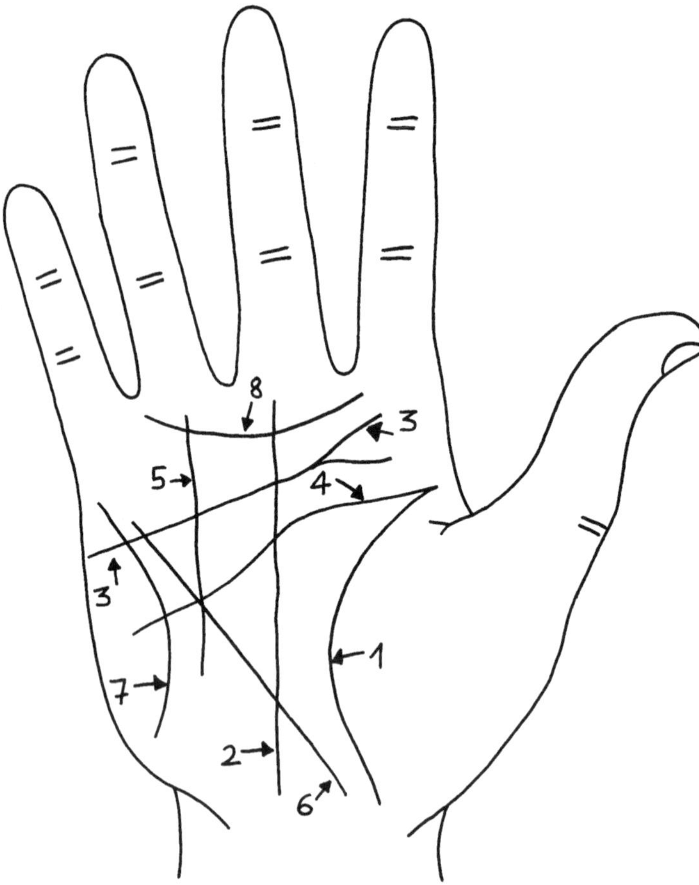

Die Hauptlinien der Handfläche

1. Die Lebenslinie
2. Die Schicksalslinie
3. Die Herzlinie
4. Die Kopflinie
5. Die Glückslinie
6. Die Gesundheitslinie
7. Die Intuitionslinie
8. Der Venusgürtel

Die Deutung der Hauptlinien

Die Lebenslinie

Ist die Lebenslinie breit, ziemlich lang, von kräftiger Farbe und wird sie nur selten durchbrochen, kann man auf ein langes Leben schließen. Ist sie jedoch schmal und kurz, muss man mit Krankheit, Unglück und einem kurzen Leben rechnen. Wird sie irgendwo unterbrochen, so befindet sich der betreffende Mensch zu jenem Zeitpunkt in großer Lebensgefahr. Tauchen auf der Lebenslinie Kreuze auf, so weisen sie auf vergangenes oder zukünftiges Unheil hin. Kreuze am Anfang dieser Linie künden von Unglück in früher Kindheit, wie zum Beispiel dem Verlust eines Elternteils. Ein hohes Alter erreicht, wessen Lebenslinie an der Basis dicker als gewöhnlich ist. Große Kraft besitzt, wessen Lebenslinie doppelt verläuft. Endet sie in einer Gabelung, bedeutet es großen Verlust an Vitalität. Endet sie in einem Kreuz, kündet es von plötzlichem Tod.

Die Schicksalslinie

Die Schicksalslinie verzeichnet alle wichtigen Ereignisse des Lebens. Wer keine Schicksalslinie auf der Handfläche hat, dessen Leben wird ereignislos und öde sein. Wer eine lange, stark ausgeprägte Schicksalslinie besitzt, wird eine hohe gesellschaftliche Position erreichen und viele aufregende Dinge erleben. Eine neue Karriere oder gesellschaftliche Veränderung wird durch eine Verzweigung dieser Linie gekennzeichnet. Beginnt sie dort, wo die Lebenslinie ansetzt, hat die Familie großen Einfluss auf die Berufswahl. Zeigt die Linie einen schwankenden Verlauf, wird der Mensch bei lebenswichtigen Entscheidungen unentschlossen sein und nie etwas Bedeutendes vollbringen. Jede Unterbrechung der Linie zeigt wichtige Veränderungen an, die günstig oder auch ungünstig sein können. Linien, die die Schicksalslinie durchkreuzen, stellen Hindernisse auf dem Weg zum Erfolg dar; gehen diese Querlinien von der Lebenslinie aus, bedeuten sie einen Todesfall im engsten Familienkreis. Eine doppelte Schicksalslinie verheißt eine besonders günstige Zukunft. Zweiglinien, die von der Schicksalslinie abwärts gehen, sind immer Anzeichen für Rückschläge im Leben, streben sie jedoch aufwärts, werden verschiedene Bemühungen von Erfolg gekrönt sein.

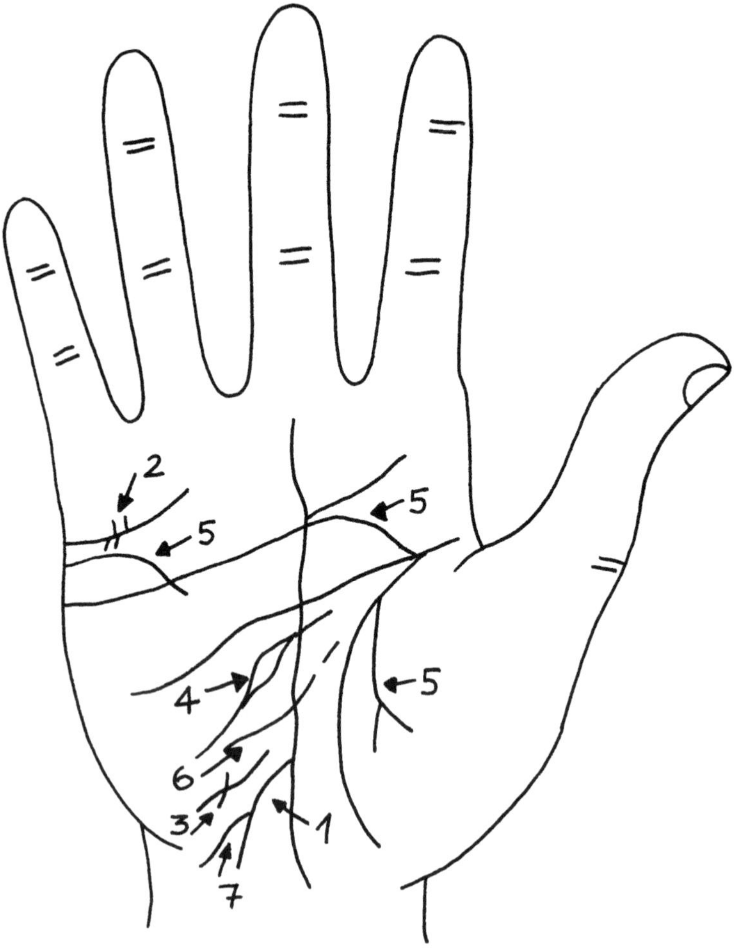

Zeichen, die die Ehe betreffen

1. Eine glückliche Ehe
2. Ein aufgelöstes Verlöbnis
3. Eine verhinderte Ehe
4. Ernstliche Hindernisse
5. Verlust eines Partners durch Tod
6. Scheidung
7. Unglückliche Ehe

Die Herzlinie

Die Herzlinie vertritt das Gefühlsleben. Ist sie lang und stark ausgeprägt, handelt es sich um einen Menschen mit hohen Idealen und einem liebevollen Charakter. Selbstsucht, Leidenschaft ohne Liebe und kriminelle Tendenzen werden durch eine kurze Herzlinie gekennzeichnet. Hat sie Verzweigungen, so kann im Laufe der Jahre mit vielen Freundschaften gerechnet werden; wird sie durchkreuzt, geht eine Freundschaft in die Brüche. Tiefere Liebe und Treue sind aus einer Gabelung der Linie ersichtlich. Hat sie eine Zweiglinie, die in der Lebenslinie mündet, muss man mit dem Tod eines engen Freundes rechnen. Fehlt auf einer Handfläche die Herzlinie ganz, so handelt es sich um einen verbitterten Menschen, der andere ausnutzt. Für Liebe und Freundschaft hat dieser Mensch keine Zeit.

Die Kopflinie

Die Kopflinie drückt die geistigen Fähigkeiten eines Menschen aus. Sticht sie stark hervor, ist Begabung für konzentriertes Denken gegeben, ist sie lang und tief, spielt die Konzentration im täglichen Leben eine große Rolle. Ist sie jedoch tief und kurz, wird diese Fähigkeit nur für besondere Zwecke eingesetzt. Wer eine kurze, gerade verlaufende Kopflinie hat, besitzt gesunden Menschenverstand; wer eine lange und gerade Kopflinie aufweist, wird bei allen seinen Handlungen von Habgier, Machtgier und Prestigehunger angetrieben. Eine doppelte Kopflinie ist ein Zeichen dafür, dass dem Betreffenden ein Hobby oder eine Nebenbeschäftigung ebenso wichtig ist wie eine Karriere. Hat jemand eine gabelförmige, gespaltene Kopflinie, so fällt notfalls Lügen und diplomatisches Verhalten leicht. Verbindet sich die Kopflinie mit der Lebenslinie, so wird ein Mangel an Zuversicht und Vertrauen sichtbar. Nervöse Zustände sind oft aus einer federartig gestrichelten Linie ersichtlich. Mündet die Kopflinie in die Schicksalslinie ein, wird der Betreffende viel Pech haben.

Die Glückslinie

Großer Reichtum oder zumindest Wohlstand lässt sich aus einer klaren, undurchkreuzten Glückslinie erkennen. Wer diese Linie besitzt, wird nie finanzielle Sorgen und immer Geld im Überfluss haben. Tritt sie doppelt auf, wird der Reichtum mannigfachen Ursprungs sein. Wird sie irgendwo unterbrochen, muss man einen schweren materiellen Verlust beklagen. Ist die Linie jedoch stark ausgeprägt, kann man diesen Verlust wieder einbringen. Durchquert sie die Lebenslinie, werden nahe Verwandte einen Teil des Vermögens verschleudern, verläuft sie aber parallel zu ihr, ist eine große Erbschaft zu erwarten. Beginnt die Glückslinie bei der Kopflinie, so wird der Reichtum nur nach langen Jahren harter Arbeit und Sparanlagen erworben. Wird die Glückslinie von mehreren Linien durchkreuzt, so werden auf dem Weg zum Reichtum mehrere Hindernisse zu überwinden sein. Wird sie durch eine separate Linie mit der Schicksalslinie verbunden, wird man durch eine vorteilhafte Teilhaberschaft zu Geld zu gelangen.

Die Gesundheitslinie

Wer diese Linie nicht hat, verfügt über ausgezeichnete Gesundheit und körperliche Kraft. Falls sie vorhanden ist, muss sie deutlich und gerade verlaufen. Aus einer gekrümmten und schwankend verlaufenden Linie muss man auf verschiedene Krankheiten schließen. Ist sie unterbrochen, macht der Verdauungsapparat Schwierigkeiten. Rote Linien bedeuten Tendenz zu fiebrigen Zuständen. Kreuzen kleine Linien die Gesundheitslinie, spricht es für häufige Kopfschmerzen. Kurz, je deutlicher diese Linie in Erscheinung tritt, desto schwächer und kränklicher ist der Mensch.

Die Intuitionslinie

Nie wird diese Linie bei einem Menschen erscheinen, der keine starken intuitiven Fähigkeiten besitzt. Damit er eine große Rolle im Leben spielt, muss sie auf beiden Handflächen zu sehen sein. Ist sie nur auf einer erkennbar, sind diese Fähigkeiten zwar vorhanden, werden aber zur Zeit nicht ausgenutzt. Zeichnet sie sich jedoch in beiden Händen klar und deutlich ab, so ist der Betreffende für starke okkulte Einflüsse empfänglich. Sein sechster Sinn wird dann erstaunlich entwickelt sein.

Der Venusgürtel

Diese Linie bedeutet nie etwas Gutes. Sie verheißt Unglück im Leben. Sei es nun der Verlust von Freunden, unglückliche Liebe, berufliche Enttäuschung oder familiäre Sorgen. Bei wem diese Linie in Erscheinung tritt, dem sind Unglück, bittere Rückschläge und ein ungewisses, verhängnisvolles Geschick beschieden.

Kleinere Nebenlinien

Neben den oben erläuterten Hauptlinien gibt es außerdem noch wichtige Zeichen am Daumen und an den Fingern. Kleinere Linien unter dem Daumengelenk verkünden Reichtum und Ehre. Verläuft eine Linie vom oberen Daumengelenk zur Lebenslinie, ist ein gewaltsamer Tod nicht auszuschließen. Ist diese Linie eher dünn und zart, so wird eine verheiratete Person ernstliche Unannehmlichkeiten bereiten.

Viele Linien rund um das Gelenk des Zeigefingers künden von einer Erbschaft und von Glück im Allgemeinen. Erscheinen sie am Zeigefinger einer Frau, so wird sie viele gesunde Kinder in die Welt setzen.

Hat der Mittelfinger Linien um das Gelenk, bedeutet es ein im Großen und Ganzen unglückliches Leben. Entdeckt man auf dem Mittelfinger einen Stern, so kann man einen gewaltsamen Tod prophezeien.

Zeigt sich auf dem Ringfinger eine Linie, die von seinem Ansatz bis zur Spitze verläuft, so hat man es mit einem eitlen Menschen zu tun, dem Reichtum und Ehre bestimmt sind. Laufen Linien um das Fingergelenk, so wird er Hindernisse überwinden müssen.

Charakterliche Unentschlossenheit und Inkonsequenz werden durch Linien um das oberste Gelenk des kleinen Fingers gekennzeichnet. Linien am Ansatz des kleinen Fingers zeigen die Anzahl von Ehepartnern oder Lebensgefährten an. Reicht die Fingerspitze nicht bis zum obersten Gelenk des Ringfingers, so hält die Zukunft einen sehr schlechten Ehepartner bereit.

Das Deuten der Handschrift

Im 16. Jahrhundert schrieb Sir Walter Raleigh in seinen „Chronicles of Cannongate“: „… dass man etwas vom Charakter eines Menschen aus seiner Handschrift zu erkennen vermag. Diese verzierten Großbuchstaben, drückt sich in ihnen nicht die Selbstgefälligkeit und Wichtigtuerei des Schreibers aus?“

Johann Kaspar Lavater schrieb 1775 in „Physiognomische Fragmente zur Beförderung der Menschenkenntnis und Menschenliebe“: „Je mehr ich verschiedene Handschriften miteinander vergleiche, desto mehr bin ich davon überzeugt, dass sich in der Handschrift der Charakter des Schreibers ausdrückt.“

Wir wissen, dass die Natur den Menschen zwingt, sich einer ganz individuellen Schreibweise zu bedienen. Es gibt keine Handschrift, die genau einer anderen gleicht. Sie werden bemerken, dass auch Sie Ihren Namen niemals genau gleich schreiben. Es ist so gut wie unmöglich, zweimal genau dieselbe Unterschrift zu leisten. Für diese Behauptung wurde 1867 in dem berühmten Howland-Erbschaftsprozess in New Bedford in Massachusetts der mathematische Beweis erbracht. Es handelte sich um eine Erbsumme von zwei Millionen Dollar. Der berühmte Astronom Benjamin Peirce von der Harvarduniversität wurde wegen der Handschrift von Sylvia Ann Howland konsultiert. Es stellte sich heraus, dass es sich um eine Fälschung handelte. Peirce konnte beweisen, dass eine identische Unterschrift nur alle 931 Quintillion Mal vorkommt (Quintillion = 1 mit 18 Nullen), eine Zahl, die jede praktische Erfahrung überschreitet und daher nicht als Möglichkeit in Betracht kommen kann.

Bei der heutigen Entwicklung der Graphologie behaupten die Experten, dass jeder Handschrift sechs Grundtypen von Strichen zugrunde liegen: der Strich nach rückwärts, nach vorwärts, der Haarstrich, der Grundstrich, die Haken und die Rundungen. Jeder Buchstabe stellt eine Kombination all dieser elementaren Striche dar. Im Folgenden finden Sie eine Zusammenfassung dieser Methode zur Charakterbestimmung.

Angriffslustig: Vorwärts strebende Schriftzüge.
Aufrichtig: Saubere Kreisbildungen.
Bedächtig: t und d sind getrennt. Keine Schleife.
Befangen: Zweite Hälfte vom m oder n höher als die erste.
Begeisterungsfähig: lange, ausholende Querstriche beim t.
Beharrlich: Verbindungsstriche aller Art.
Diplomatisch: Schrift wird gegen Ende des Wortes kleiner.
Dominierend: Querstriche vom t schräg nach unten geneigt.
Egoistisch: Großbuchstaben stehen in keinem Verhältnis zur Schrift.

Eifersüchtig: Verkrampfte oder sehr beschränkte Anfangsschleifen.
Einsam: Enge Schleife bei Grundstrich.
Eitel: Übertriebene Höhe von t und d.
Empfindlich gegenüber Kritik: t-Stamm und d-Stamm bilden Schleife.
Engstirnig: Verkrampfte oder enge Schleifen bei Oberlängen.
Entschieden: Energische Schlussstriche.
Entschlossen: Große Unterlängen bei y und g.
Erwerbstüchtig: Haken bei Wortanfang.
Exhibitionist: Übertriebene Endstriche, die steil nach oben streben.
Extravagant: Übertrieben lange, hoch nach oben auslaufende Endbuchstaben.
Fatalist: Worte machen scharfe Wendung nach unten und enden unterhalb der Grundlinie.
Forschersinn: Umgekehrte V-Bildung.
Gedächtnis sehr gut: i-Punkte sehr nahe am Stamm.
Gefühlstiefe: Pastöse, dunkle Schrift.
Geheimnistuerisch: Endschleife bei Kreisbildung.
Geradliniger Charakter: Keine Haarstriche, keine Schnörkel.
Gereizt gegenüber anderen: Vertikale, pfeilförmige i-Punkte.
Gesetzt: Steile Schrift.
Glatter Charakter: Worte miteinander verbunden.
Großzügig: Nach oben auslaufende Endbuchstaben.
Hartnäckig: Steile Schriftzüge.
Hinterhältig: Doppelschleife bei Kreisbildung.
Humorvoll: Anfang von n und m mit wellenähnlichem Schnörkel verbunden.
Impulsiv: Stark rechtsläufige Schrift.
Individualistisch: Tupfen auf dem i oder Punkt kreisförmig.
Initiativenreich: Scharfer Aufwärtsschwung geht durch die ganze Schrift.
Intuition: Häufige Zwischenräume zwischen den Buchstaben.
Jähzornig: Pfeilartige Querstriche beim t und abgesetzter Strich beim Wortansatz.
Kühl: Helle oder zarte Schrift.
Kleinlich: Kein Endstrich beim Wortende.
Konzentrationsgabe: Sehr kleine Schrift.

Kulturell interessiert: Griechisches e.
Leichtgläubig: Kurze, sehr fette Oberlängenschleifen.
Liebt Abwechslung: Sehr lange, schmale Unterlängenschleifen.
Liebt körperliche Betätigung: Unterlängenschleife bei p.
Literarisch begabt: Aufwärts geschwungener d-Stamm und achterförmiges g.
Logischer Denker: Arkadenbildung bei m und n.
Mutig: Unterschrift unterstrichen.
Nachgiebig: Schwaches, gedehntes p und s.
Optimistisch: Schriftzeile und t-Querstriche verlaufen schräg nach oben.
Organisationstalent: Gut proportionierte Schleifen.
Pessimistisch: Abfallende Schriftzeile.
Phantasievoll: Aufgeblasene Unterlängenschleife.
Philosophisch: Große, weite Oberlängenschleife.
Praktisch: t-Querstrich auf der Mitte des Stammes.
Prahlerisch: Übertrieben verzierte, dekorative Schrift.
Präzise: Kurzer, gut proportionierter t-Querstrich.
Rebellisch: Starrer Schriftansatz.
Sarkastisch: t-Querstrich endet in scharfer Spitze.
Schöpferisch: Flaches Dach beim r und Arkadenbildung beim m und n.
Schweigsam: Kreise geschlossen.
Selbstbeherrscht: Bogenförmiger t-Querstrich.
Selbstgefällig: Sehr großes d.
Selbsttäuschung: Anfangsschleife bei Kreisbildung.
Selbstsicher: Zweite Hälfte vom m und n niedriger als die erste.
Selbstzufrieden: t-Stamm oben gerundet.
Tolerant: Fettes, gut ausgerundetes e.
Trotzig: Letzter Teil vom k übermäßig groß.
Umfassender Verstand: Scharfe, mandelförmige Punkte.
Unabhängig: Außergewöhnlich kurze d- und t-Stämme.
Unausgeprägte Persönlichkeit: Schwache, zittrige t-Stämme.
Unentschlossen: Abgeschwächte Endbuchstaben.
Unsicher: Waagerechte Unterlängenschleife.
Unterschätzt sich: Außergewöhnlich tief liegende t-Querstriche.
Unverantwortlich: Schlüsselförmige t-Querstriche.

Verantwortungsbewusst: Breite, runde Schleife bei m, n, i und j.
Verdrängungen: Verkrampfte oder enge Schrift.
Verträumt: t-Querstrich schwebt über dem Stamm.
Vorausplaner: t-Querstrich auf der Spitze des Stammes.
Vorsichtig: Lange, gerade Endstriche.
Wählerisch bei Freundschaften: Schlanke Unterlängenschleife.
Willensschwach: Sehr dünne, helle t-Querstriche.
Willensstark: Schwere t-Querstriche.
Würdevoll: Nachgezogenes t und d. Keine Schleife.
Zäh: Haken an Endbuchstaben
Zauderer: t-Querstrich oder i-Punkt links vom Stamm.
Zielstrebig: Hohe t-Stämme.
Zurückhaltend: Linksläufige Schrift.

III. Die kleinen Spiel-Orakel

Hier folgen nun einige gesammelte Orakel, die ganz unterschiedliche Ursprünge haben. Auf der ganzen Welt haben die Menschen immer versucht, einen Blick in die Zukunft zu erhalten. Die meisten Orakel stammen zwar aus Europa, doch auch aus Ägypten und den USA konnte ich im Laufe der Zeit jeweils ein Orakel finden. Die kleinen Spiel-Orakel kann man für den täglichen Gebrauch verwenden. Sie sind recht einfach anzuwenden und benötigen kaum Vorbereitung. Man muss ihnen auch nicht solche Ehrfurcht entgegenbringen, wie das bei den großen Zigeuner-Orakeln der Fall ist. Vielleicht mag man die kleinen Spiel-Orakel sogar als Gesellschaftsspiel ansehen.

1. Das Schlangen-Orakel

Nach den großen Zigeuner-Orakeln werden Sie nun das Schlangen-Orakel kennen lernen. Auch hierbei handelt es sich um eine Methode, die bei den Zigeunern in Krisenzeiten angewandt wurde. Doch auch der Adel und Damen bei Hofe hatten alle ihr kleines Orakel, das sie so dann und wann befragten. Das Schlangen-Orakel gehörte sicherlich dazu.

Mit Hilfe der gewundenen Schlange, deren Abbildung Sie auf Seite 81 sehen, soll es möglich sein, Resultate feindlicher Intrigen vorauszusagen, böse Taten aufzudecken und Menschen in Bedrängnis zu helfen. Da die Schlange immer das Symbol für undefinierbare Entwicklungen war, ist sie auch imstande, den Wirkungen dieser Tendenzen entgegenzutreten. Ganz sicher ist das Schlangen-Orakel jedoch kein Glücks-Orakel, sondern widmet sich eher den schwierigen Fragen des Lebens.

Um Ihre persönliche Situation einzuschätzen oder eine Antwort auf Ihre Frage zu erhalten, gehen Sie wie folgt vor: Nehmen Sie eine Nadel, einen Bleistift oder einen anderen spitzen Gegenstand, schließen Sie die

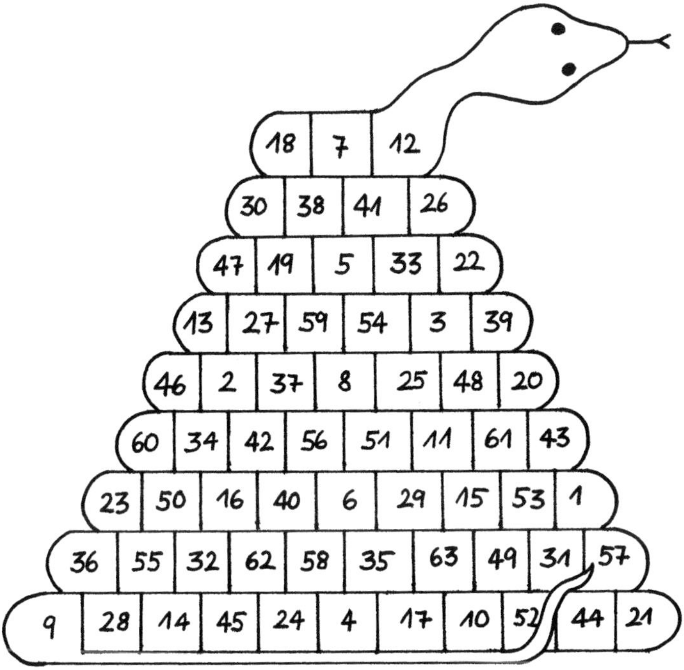

Die gewundene Schlange

Augen und lassen Sie die Hand über der Schlange (Abbildung) kreisen. Sprechen Sie dabei langsam und konzentriert folgende Zauberformel:

Oh, große Schlange, Zeichen von Hass und Fehd',
gib preis dein Geheimnis, bevor es zu spät!

Dann stechen Sie schnell in die Schlange hinein. Jetzt warten Sie einen Augenblick und wiederholen den Zauberspruch, bevor Sie die Augen öffnen und die Zahl, die Sie mit dem spitzen Gegenstand getroffen haben, ablesen. Falls Sie die Schlange gänzlich verfehlt haben, warten Sie mit einem neuen Versuch mindestens 24 Stunden. Wenn Sie keine passende Antwort erhalten haben, wiederholen Sie die ganze Prozedur, aber nicht mehr als dreimal. Wenn Sie nach dem dritten Mal noch immer nicht die richtige Antwort erhalten haben, müssen Sie 24 Stunden warten, um es dann noch einmal zu versuchen. Sobald Sie eine Zahl erhalten haben, suchen Sie sich in der nachfolgenden Tabelle die entsprechende Zahl und lesen sie. Wägen Sie sorgfältig ab, ob die Antwort auf Ihr Problem anwendbar ist und ob sie Ihnen von Nutzen sein kann.

Die Tafel des Schlangen-Orakels

1. Ein ehemaliger Feind wird Ihnen über Ihr gegenwärtiges Übel hinweghelfen. Weichen Sie dieser neuen Freundschaft nicht aus, sonst werden Sie es bereuen. Sie müssen dieser Person absolutes Vertrauen entgegenbringen.
2. Sie werden innerhalb einer Woche mit Ihren Widersachern fertig werden.
3. Sie müssen sich bemühen zu verzeihen, wenn Sie glücklich sein wollen. Seien Sie nicht länger nachtragend, sonst werden Sie es bereuen.
4. Es ist Ihr Schicksal, jemanden hassen zu müssen. Beherrschen Sie die Leidenschaft, sonst könnten Sie ihr zum Opfer fallen.
5. Sie haben ausgezeichnete Vorsätze, aber der Neid schafft Ihnen momentan einen Feind. Dagegen können Sie zur Zeit nichts tun.
6. Bald werden Sie Gelegenheit haben, mit jemandem abzurechnen, der Ihnen körperlich Schaden zufügen wollte. Passen Sie gut auf! Es könnte die einzige Gelegenheit sein, die sich je bieten wird.
7. Es wird bald zu einem großen Streit kommen. Versuchen Sie rechtzeitig, gewisse Dinge wieder gutzumachen.
8. Ihr Feind wird an seiner eigenen Bosheit ersticken. Warten Sie nur ruhig ab. Das Problem wird ganz von selbst gelöst werden.
9. Geben Sie jetzt nicht nach oder Sie werden es bereuen. Halten Sie durch! Der Sieg wartet schon auf Sie.
10. In einer Woche werden Sie einen „giftigen“ Brief erhalten. Wenn Sie ihn ignorieren, wird nichts passieren. Wenn Sie falsch reagieren, wird es noch mehr Unannehmlichkeiten geben.
11. Jemand, der Ihnen nahe steht, will Sie zu unehrenhaften Handlungen verleiten.

12. Folgen Sie dem Wink, den Sie innerhalb der nächsten 12 Stunden erhalten werden. Er wird Ihnen den Ausweg aus Ihrer Bedrängnis weisen.

13. Besprechen Sie sich mit einem guten Freund. Er wird Ihnen sagen, wie Sie Konflikte mit einer gewissen Person vermeiden können.

14. Bevor Sie heute Nacht schlafen gehen, werden Sie eine Stimme hören. Lauschen Sie ihr. Die Antwort lautet: Abwarten.

15. Lassen Sie sich in dieser Angelegenheit nicht von jemandem, der Ihnen sehr nahe steht, beeinflussen. Es gibt gegenwärtig jemanden, der das versucht. Tun Sie, was Sie für richtig halten.

16. Der Freund, der Ihnen seinen Rat anbietet, meint es nicht ganz ehrlich mit Ihnen. Seien Sie vorsichtig.

17. Verschaffen Sie sich Hilfe von Experten. Anders kann man dieses Problem nicht lösen.

18. Es muss sofort eine Entscheidung gefällt werden. Lassen Sie sich nicht von anderen beeinflussen.

19. Der Störenfried in der Familie ist eine angeheiratete Person. Überlegen Sie, wer es sein könnte, um den Betreffenden zu entlarven.

20. Hüten Sie sich vor Eifersucht. Jemand hasst Sie deswegen und wird nicht ruhen, bis Sie Ihre Strafe bekommen.

21. Keine Chance des Entkommens! Die Behörden haben entdeckt, was Sie getan haben. Die Dinge sehen nicht rosig aus.

22. Ein junges Mädchen wird in Ihrem Leben Verwirrung stiften. Sie wissen, wie man mit dieser delikaten Situation fertig wird, denn es passiert Ihnen ja nicht zum ersten Mal.

23. Wenn Sie nicht aufpassen, kann Ihnen Gerede zu schaffen machen. Es bereitet sich eine Spaltung vor, seien Sie jetzt vorsichtig mit guten Freunden und vertrauen Sie ihnen nicht so schnell.

24. Nur mit einer Hochzeit kann das Problem zu beiderseitiger Zufriedenheit gelöst werden.

25. Ein jüngeres Familienmitglied wird große Schande über Ihr Haus bringen. Dagegen lässt sich nichts unternehmen.

26. Ein entfernter Verwandter wird einen störenden Einfluss auf Ihr Familienleben haben. Nur mit Geduld werden Sie dieses Problem bewältigen.

27. Sie machen unüberlegte Ausgaben und werden in Geldschwierigkeiten kommen! Überprüfen Sie Ihr Bankkonto und Ihren Safe. Irgendjemand will Sie ausnutzen.

28. Ein Freund möchte Ihnen einen wertvollen Besitz anvertrauen. Vorsicht, der Gegenstand könnte gestohlen und Sie belastet werden, wenn Sie Ihrem Freund den Gefallen tun.

29. Sie sollten lieber anfangen, Geld zu sparen, denn Ihnen oder einem engen Familienmitglied steht eine Krankheit bevor.

30. Innerhalb von zwei Wochen werden Sie in finanzieller Hinsicht Pech haben.

31. Lassen Sie sich nichts einreden, was Ihre Geldanlagen betrifft. Obwohl es ein Freund gut mit Ihnen meint, ist er nicht kompetent genug, Ihnen nützliche Ratschläge zu geben.

32. Ihre Gattin (Ihr Gatte) wird Sie bald in Gegenwart alter Freunde beschämen.

33. Ein Unbekannter wird Ihnen Schmuck zu unglaublich vorteilhaften Preisen anbieten. Kaufen Sie nicht, denn Sie werden es sonst bestimmt bereuen.

34. Durch Unbedachtsamkeit werden Sie schwere Verluste erleiden, die Sie nur durch äußerste Konzentration auf Ihre Geschäftsvereinbarungen vermeiden können.

35. Sie sollten sich nicht so leicht verlieben! Der nächste Mensch, den Sie kennen lernen, wird alles tun, um aus Ihnen das letzte Geld herauszupressen.

36. Heiraten Sie die Person jetzt. Es ist Ihre letzte Chance. Sonst wird sie sich jemand anders zuwenden.

37. Ein unangenehmer Telefonanruf wird Sie ärgern. Aber machen Sie sich keine Sorgen, der Anrufer kennt Sie kaum und ist ganz ungefährlich.

38. Man wird versuchen, Sie zu erpressen. Wenn Sie sich nicht darum kümmern, wird man Sie mit der Zeit in Ruhe lassen. Schenken Sie den Drohungen dieser Leute keine Beachtung.

39. Sie werden in einen ziemlich großen Skandal verwickelt werden. Ob seine Folgen Ihnen schweren Schaden zufügen, wird ganz von Ihrem Verhalten abhängen.

40. Auf einer Reise werden Sie jemanden kennen lernen, dem Sie lieber aus dem Weg gehen sollten, da dieser Mensch Ihnen in der Zukunft Ungemach bereiten könnte.

41. Sie werden in Schwierigkeiten geraten, für die Sie gar nicht verantwortlich sind. Obwohl Sie unschuldig sind, wird es Sie in Verlegenheit bringen.

42. Sie werden bald Ihre Stellung wechseln, weil Ihre jetzige Ihnen zu viel Schwierigkeiten bereitet. Die Probleme werden jedoch weiter existieren.

43. Sie haben einen Bekannten, dem Sie nicht länger vertrauen dürfen. Er neigt dazu, nicht aufrichtig zu sein und glaubt im Recht zu sein, wenn er Ihnen schadet.

44. Lassen Sie sich jetzt nicht in einen Streit verwickeln, es wird sonst finanziell unangenehm.

45. Fahren Sie an den nächsten drei Wochenenden behutsam Auto, um Ärger zu vermeiden.

46. Sie können bald einen großen Betrag beim Glücksspiel gewinnen.

47. Sie befinden sich in einer seelisch schwierigen Lage, die nur Sie allein bewältigen können.

48. Seien Sie vorsichtig beim Spazierengehen. Eine kleine Verletzung können Sie durch mehr Aufmerksamkeit vermeiden.

49. Bemühen Sie sich jetzt um Ihre Arbeitsstelle, denn man überlegt gerade, Ihnen zu kündigen. Machen Sie sich unentbehrlich.

50. Man wird versuchen, bei Ihnen einzubrechen; bringen Sie Ihre Wertgegenstände und Ihr Bargeld sofort in Sicherheit.

51. Kündigen Sie jetzt nicht Ihre Stellung wegen einer Person, die Sie nicht mögen. Sie wird sowieso bald weggehen und damit wird Ihr Problem gelöst sein.

52. Schlagen Sie sich diesen Flirt aus dem Kopf. Es handelt sich um ein flatterhaftes Wesen.

53. Seien Sie vorsichtiger, wenn Sie im Freien sind. Gehen Sie bei stürmischem Wetter nicht aus. Es kann ein Blitz in Ihrer Nähe einschlagen und er kann Sie sogar treffen.

54. Ihr Liebster wird zurückkehren und Ihnen eine Lügengeschichte auftischen. Weisen Sie ihn ab oder Sie werden es bereuen.

55. Ein Eisenbahnzug wird Ihnen Kummer bereiten. Fahren Sie lieber mit dem Auto.

56. Sie werden früh heiraten und Ihre Beziehung wird glücklich sein.

57. Es steht Ihnen eine lange Reise bevor. Sie sollten aber in diesem Monat kein Flugzeug benutzen. Reisen Sie in diesem Monat per Auto oder Bahn.

58. Das Geld, das Sie einem Freund geliehen haben, erhalten Sie nur durch einen Prozess zurück. Da es sich nicht um einen echten Freund handelt, zögern Sie nicht, ihn rechtlich zu verfolgen.

59. Hüten Sie sich vor immer lächelnden Freunden. Gerade die sind zur Zeit nicht aufrichtig.

60. Seien Sie in Zukunft bei Verhandlungen mit Ihren Geschäftspartnern nicht zu vertraulich, sonst wird jemand Informationen zu seinem Vorteil benutzen. Seien Sie höflich, aber bestimmt, sonst nimmt man Sie unter Umständen nicht für voll.

61. Es wäre sehr unklug, die Person, die Sie jetzt begehren, zu heiraten. Es handelt sich um einen falschen Menschen.

2. *Die Zigeunertafeln*

Mit diesem Orakel möchte ich Ihnen eine Methode vorstellen, die sich mit Zahlen und Buchstaben befasst. Anders als beim Buchstaben-Orakel, das Sie später noch kennen lernen werden, fügt man hier noch Zahlen zur Deutung hinzu.

Auch dieses Orakel ist eine sehr alte Wahrsagemethode und stammt aus dem Mittelalter. Damals wurde sie in allen Zigeunerlagern Europas hoch geschätzt, und lange Zeit gab man ihr den Vorzug vor allen anderen Methoden.

Wenn Sie relativ schnell über Ihr Schicksal Bescheid wissen wollen, nehmen Sie irgendeinen spitzen Gegenstand – eine Nadel, ein Messer, einen Zahnstocher – und stechen Sie mit geschlossenen Augen in die „Mystische Buchstabentafel", die auf Seite 88 abgebildet ist. Der getroffene Buchstabe bestimmt Ihre magische Zahl auf der „Magischen Zahlentafel", die Sie auf Seite 89 abgebildet sehen, das heißt, unter dem von Ihnen getroffenen Buchstaben können Sie Ihre magische Zahl ablesen.

Sobald Sie die richtige Zahl erhalten haben, wenden Sie sich an das „Orakel der Tafel", dessen erster Teil die Glücks-Omen und dessen zweiter Teil die Unglücks-Omen enthält.

Glücks-Omen

2 Eine sehr günstige Zahl. Sie werden eine große Erbschaft von einem entfernten Verwandten machen, dessen Existenz Ihnen bisher gar nicht bekannt war. Es handelt sich daher um eine ungeheure Überraschung.

4 Ein sehr enger Freund kommt von einer Auslandsreise zurück und bringt Ihnen ein paar herrliche Geschenke mit. Es kann sich um einen Soldaten oder um einen Touristen handeln, den Sie gut kennen. Geldgeschäfte werden zu Ihrem Vorteil abgeschlossen.

6 Ein ausgezeichnetes Glücks-Omen. Sie werden sehr bald einen Brief oder eine Nachricht erhalten, der oder die Ihnen plötz-

Q

W A

Q S Y

N L M B O B

Q L D C O N P

U W V O F T S V

K L H B S G F X I B

H C A X W B R O P U C

N S K M A V S T V W

T E L G H Y S R

A L X Z B W M

Z F X L N A

D A C

T R

S

Die mystische Buchstabentafel

		A	B	C		
		5	14	23		
	D	E	F	G	H	I
	19	9	11	26	22	4
J	K	L	M	N	O	P
1	13	21	24	2	12	16
	Q	R	S	T	U	V
	7	18	25	15	17	6
		W	X	Y	Z	
		20	3	8	10	

Die magische Zahlentafel

lichen Wohlstand, Anerkennung wichtiger Leute und einen unerwarteten finanziellen Gewinn bringt.

8 Sie werden plötzlich eine Reise machen, die für Sie, Ihre Freunde und Ihre Familie von großem Vorteil sein wird. Auf der Reise werden Sie jemanden kennen lernen, der Sie begleitet und der großen Einfluss auf Ihr späteres Leben haben wird.

10 Was auch immer Sie im Bereich der Ehe, des Berufslebens und des Gesellschaftslebens unternehmen, wird Ihnen glücken. Was Sie anrühren, wird zu Gold. Sie werden sehr reich und angesehen sein. Alle Welt wird sich in Finanzfragen an Sie wenden.

12 Es steht Ihnen die Bekanntschaft mit einer Person des anderen Geschlechts bevor. Die Bosheit eines anderen sorgt dafür, dass Ihre Bemühungen anfangs erfolglos bleiben. Aber Sie dürfen nicht die Flinte ins Korn werfen. Wenn Sie ausharren, werden Sie siegen.

14 Eine sehr unsichere Zahl, die viele radikale Veränderungen in Ihrem Leben bedeuten kann, wenn Sie nicht vorsichtig sind. Alles hängt fast ausschließlich von Ihnen und Ihrem Verhalten ab. Prüfen Sie all Ihre Unternehmungen, besonders auf dem gesellschaftlichen und beruflichen Gebiet. Ergreifen Sie Maßnahmen, um eventuellen Schwierigkeiten zuvorzukommen, denn Sie haben es in der Hand, Ihr Schicksal in friedlichen Bahnen verlaufen zu lassen.

16 Großes Glück. Alles, was Sie im Augenblick unternehmen, wird von Erfolg gekrönt sein. Finanzieller Gewinn, eine neue Liebe und die Verwirklichung aller Zukunftspläne stehen bevor.

18 Selbst wenn Sie sich momentan in einem finanziellen Engpass befinden, können Sie vertrauensvoll der Zukunft begegnen. Sie haben das Glück, mehrere enge Freunde zu besitzen, die Ihnen zu Position, Reichtum und Ehre verhelfen werden. Zögern Sie nicht, deren Hilfe in Anspruch zu nehmen, da Ihnen daraus keinerlei Verpflichtung erwächst. Auch Ihr Stolz darf Sie nicht daran hindern, da sich so eine Gelegenheit nur einmal im Leben bietet.

20 Wenn Sie noch nicht 50 Jahre alt sind, werden Sie noch Kinder in die Welt setzen. Eine unfruchtbare Ehe wird fruchtbar werden. Sind Sie unverheiratet, so wird nach kurzer Verlobungszeit eine aufwendige Hochzeit stattfinden. Die Ehe wird mit vielen Kindern gesegnet sein.

22 Ein Glücks-Omen für geschäftliche Transaktionen, die Ihrer Zukunft ein neues Gesicht geben. Sie werden plötzlich reich werden und eine Weltreise unternehmen, auf der kleinere Probleme auftauchen werden, aber nichts Wesentliches geschehen wird. Wahrscheinlich wird eine Person des anderen Geschlechts versuchen, Sie auszunutzen, aber wenn Sie Vorsicht walten lassen, können langwierige Komplikationen vermieden werden.

24 Ein neues Abenteuer wartet auf Sie, das Ihnen ungeahnte Aufregungen bereiten wird. Forschungsarbeiten werden ihm vorausgehen, die nicht leicht sind. Aber im Lauf der Zeit wird sich die harte Arbeit auszahlen. Auch ist die Angelegenheit mit ziemlich hohen Geldbeträgen verbunden, die jedoch von jemandem, der Ihnen nahe steht, verwaltet werden.

26 Wenn Sie eine unverheiratete Frau sind, werden Sie in nächster Zeit einen gut aussehenden, reichen und treuen Ehemann finden. Sind sie schon verheiratet, wird dieser Mann den Platz Ihres Gatten einnehmen, der Sie verlassen wird. Was immer auch geschieht, es wird zu Ihrem Vorteil sein, da sich Ihre soziale Lage verbessern wird. Sind Sie ein Mann, werden Sie bald eine reiche Frau ehelichen.

Unglücks-Omen

1 Sie werden bald einen Brief erhalten, der Sie von dem Verlust einer großen Geldsumme in Kenntnis setzt. Ihre Investitionen stehen augenblicklich schlecht, und ein Prozess wird Ihnen finanzielle Verluste zufügen.

3 Sie sollten sofort Ihre geschäftlichen Angelegenheiten, gesellschaftlichen Beziehungen, Ihre Investitionen, Ihre engen Freunde, ja sogar einige Verwandte einer Kontrolle unterziehen. Sie werden Überraschungen erleben. Die Dinge sehen momentan nicht rosig aus. Irgendjemand will Sie hereinlegen.

5 Finanziell wird es Ihnen im Leben nie schlecht gehen, dafür wird Ihnen jedoch die Gesundheit Sorgen bereiten. Die Geschäfte gehen auch nicht so gut wie zuvor, weil Sie sich einen Trunkenbold als Partner zugelegt haben. Sie sollten diese Verbindung sofort abbrechen. Tun Sie es, bevor Sie ruiniert sind.

7 Wenn Sie verheiratet sind, beobachten Sie Ihren Partner (Ihre Partnerin), denn man will Sie betrügen. Sind Sie noch unverheiratet, so will Ihr Liebster (Ihre Liebste) Sie täuschen. Entweder ist er (sie) schon verheiratet oder gebunden und hat es Ihnen verschwiegen, oder er (sie) wird Sie verlassen, um sich jemand anderem zuzuwenden. Mit gebrochenem Herzen werden Sie vergeblich um Ihre Liebe kämpfen.

9 Falls Ihnen jemand Geld schuldet, werden Sie es nicht zurückbekommen. Ihr Schuldner wollte Sie von Anbeginn täuschen. Wenn Freunde sich bei Ihnen Geld ausleihen wollen, geben Sie es ihnen nicht, da sonst die Freundschaft bitteren Gefühlen Platz machen wird. Sobald Sie das Geld nämlich mündlich oder schriftlich zurückverlangen, wird man Sie für Ihre Großzügigkeit nur beschimpfen. Viele Ihrer oberflächlichen Freunde sehen in Ihnen einen Schwächling und Narren.

11 Überdenken Sie ernstlich Ihre ungesetzliche Handlungsweise. Die Mühlen der Gerechtigkeit mahlen langsam, aber sicher. Ihre früheren kriminellen und boshaften Handlungen sind schon teilweise aufgedeckt. Man hat genügend Beweismaterial in der Hand, Sie ins Gefängnis zu schicken, wenn Sie nicht bald den geraderen Weg und bessere Gesellschaft wählen.

13 Sie werden Ihr ganzes Leben lang großes Pech haben. Ihr Liebster (Ihre Liebste) wird untreu sein, Ihre Stellung werden Sie immer wieder verlieren, Geld wird verschwinden. Falls Sie heiraten, wird Ihr Gatte (Ihre Gattin) einen üblen Einfluss auf Sie haben. Ihnen sind Unglück und Versagen auf der ganzen Linie bestimmt. Sogar gute Freunde werden Sie im Stich lassen.

15 In dem Menschen, den Sie von ganzem Herzen lieben, rufen Sie nur Verachtung hervor. Sie werden nie heiraten und an jeder Ecke wartet eine Enttäuschung auf Sie. Es wird bald ein großes Unglück für Sie geben. Ihr Gesundheitszustand wird sich ziemlich rasch verschlechtern, auch sind Sie einer Verleumdung zum Opfer gefallen.

17 Ihre Affäre mit einer verheirateten Person des anderen Geschlechts wird bald entdeckt werden. Sie geben vor, sich über diese Orakeltafeln lustig zu machen, aber in Wirklichkeit glauben Sie an sie, wenn Ihnen etwas Vorteilhaftes und Günstiges prophezeit wird. Nichtsdestoweniger werden Sie bald der öffentlichen Schande preisgegeben werden. Sie sind mit Ihrer Liebesaffäre zu weit gegangen, um die Sache noch aufhalten zu können. Ihr Rivale weiß, wer Sie sind und wie lange Sie die Angelegenheit schon betrieben haben.

19 Sie möchten Geld für eine gute Sache ausborgen, aber alle Ihre Freunde werden höflich ablehnen. Zwar werden einige versprechen, es Ihnen zu leihen, ohne jedoch die geringste Absicht zu haben, ihre Versprechungen zu halten. Sie brauchen das Geld dringend, Ihr ganzes Leben hängt daran. Wenn Sie über Bargeld verfügten, könnten Sie jetzt ein Vermögen erwerben, aber Sie werden das Geld nicht auftreiben und verarmen. Einige Freunde werden sogar versuchen, Ihre Lage zu ihren Gunsten auszunutzen.

21 Vorsicht! Ernste Unannehmlichkeiten stehen bevor. Durch Ihre eigene Unvorsichtigkeit werden Dinge über Sie bekannt werden, die verborgen bleiben sollten. Es besteht die Gefahr, dass Sie Ihren Ehepartner, Ihre Kinder sowie alle materiellen Güter, die Sie im Lauf der Jahre angesammelt haben, verlieren. Glückliche Zeiten sind nicht zu erwarten.

23 Man wird Sie bestehlen. Sie werden die gestohlenen Sachen, darunter ein paar Ihrer wertvollsten Gegenstände, nicht wiederbekommen. Sie werden eine sehr traurige Reise machen und am Begräbnis einer Person, die Ihnen teuer ist, teilnehmen. Auch steht Ihnen eine Krankheit bevor, wenn Sie es am wenigsten erwarten.

25 Im engsten Familienkreis entstehen ernste Zwistigkeiten. Ihr Partner (Ihre Partnerin) ist grausam und wird Ihnen nach dem Leben trachten. Von jetzt an werden Sie jeden Augenblick Ihres Lebens in einer feindseligen Umgebung verbringen.

3. Das magische Herz

Das magische Herz gehört ganz sicher zu den beliebtesten Zigeuner-Orakeln, wenn es um die Beantwortung von Fragen über Liebe und Ehe geht. Es soll praktisch unfehlbar sein, wenn der Fragende aufrichtig ist. Schließlich ist das Herz das universale Symbol der Liebe. Bedient man sich seiner, indem man die Anweisungen befolgt, wird man alle Eheprobleme lösen; man wird erfahren, wer der zukünftige Gatte (oder die Gattin) sein wird und ob eine lange und glückliche Ehe zu erwarten ist.

Nun zu den Vorbereitungen: Sie brauchen ein Blatt Papier, einen Stift, eine Reißzwecke und ein kleines Brett oder eine feste Unterlage und eine Nadel. Das Papier und das Brett (oder die geeignete Unterlage) sollten ungefähr die gleiche Größe haben. Zeichnen Sie das Herz genau so, wie Sie es auf der Abbildung auf Seite 96 sehen. Verwenden Sie jedoch nicht das hier im Buch abgebildete Herz, denn die Kraft des Orakels liegt auch darin, dass Sie ein von Ihnen selbst gezeichnetes Herz als Grundlage benutzen. Nachdem Sie das Herz gezeichnet und mit einer Reißzwecke auf dem Brett befestigt haben, drehen Sie es um die eigene Achse und sprechen mit geschlossenen Augen folgende Zauberformel:

Dieses Herz dreh ich im Kreis,
dass von meiner Lieb ich weiß.

Jetzt stechen Sie mit der Nadel in das Herz, während es sich noch dreht. Dann öffnen Sie die Augen und lesen laut den Buchstaben vor, der dem Abschnitt entspricht, den Sie getroffen haben. Ihre Zahl ist die, die Ihrem Nadeleinstich am nächsten steht. Sollten Sie das Herz verfehlen, so ist das ein Zeichen, dass Sie dem Versuch nicht den genügenden Ernst entgegengebracht haben. Wiederholen Sie das Ganze und seien Sie diesmal seriöser. Haben Sie Ihren Buchstaben und die Zahl erhalten, befragen Sie die Tabelle, über der Ihr Buchstabe steht, und suchen Sie Ihre Zahl oder diejenige, der Sie am nächsten gekommen sind, heraus. Sie erhalten nun die gewünschte Antwort.

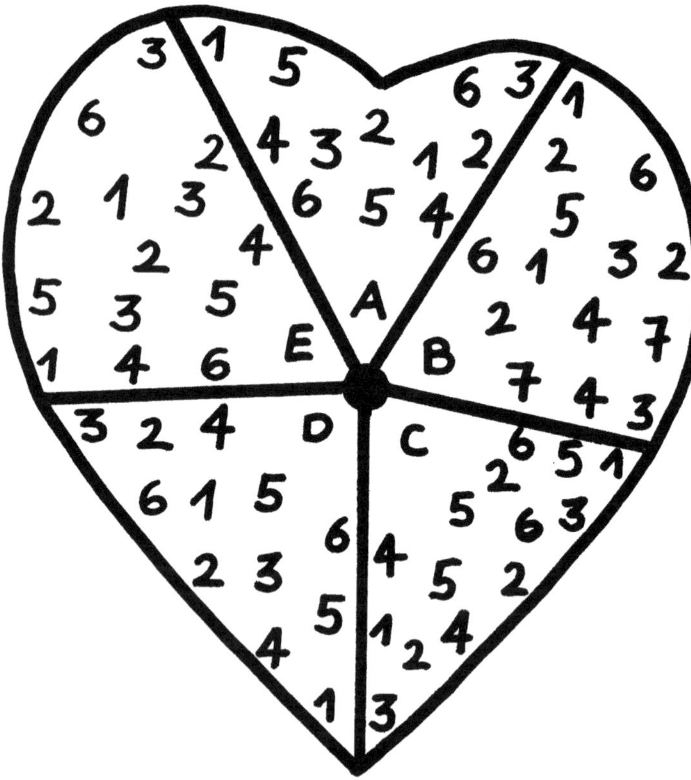

Das magische Herz

Soll ich heiraten oder nicht?

1. Keine Sorge, Ihr Partner ist gütig und fein. Er wird Ihnen eine echte Stütze im Leben sein und Sie können eine Partnerschaft von Bestand erwarten.

2. Ist Ihr Partner von hellem Gesicht und wacher Natur? Zögern Sie nicht, denn dann ist er der richtige. Er wird ein guter Kamerad sein und Sie immer gut verstehen.
3. Verlieren Sie keine Zeit und warten Sie nicht immer auf eine bessere Partie. Manchmal kann es dann passieren, dass die Jahre ohne das gewünschte Ergebnis vergehen.
4. Erfüllen Sie Ihr Sehnen mit einer baldigen Heirat. Der Partner, den Sie jetzt im Auge haben, ist genau der richtige für Sie. Nach der Eheschließung werden all Ihre Zweifel verflogen sein.
5. Entscheiden Sie sich für die Ehe, denn wenn Sie darauf verzichten, werden Sie immer das Gefühl haben, etwas versäumt zu haben. Selbst wenn der Partner nicht hundertprozentig zu Ihnen passt.
6. Heiraten Sie noch nicht, denn Sie haben noch nicht die richtige Person gefunden. Wenn Sie jetzt nicht warten können, wird sich Ihr Schritt als Fehler erweisen.

An welchem Tag soll ich heiraten?

1. Am Montag können Sie ruhig die Pläne für Ihre Hochzeit schmieden, doch zum Heiraten ist dieser Tag nicht für Sie und Ihren Auserwählten geeignet.
2. Der Dienstag ist ein guter Tag, vor allem für Paare, die sich schon sehr lange kennen. Schnell Entschlossene sollten einen anderen Tag wählen.
3. Der Mittwoch ist ein guter Tag für Geschäfte, aber nicht unbedingt für die Liebe. Wenn Sie aus Liebe heiraten wollen und nicht aus materiellen Gründen, dann wählen Sie einen anderen Tag.
4. Am Donnerstag sollten Sie nicht heiraten, sonst werden Sie zu viele Kompromisse machen müssen. Trotzdem ist es kein schlechter Tag.
5. Hochzeit am Freitag, mit Hilfe Cupido's sei es gewagt. Niemand etwas Böses vom Freitag sagt.
6. Eine Hochzeit kann man sorglos auf den Samstag verlegen. Ein gesegneter Tag, der den Eheleuten viel Freude und reichen Kindersegen bescheren wird.
7. Auch der Sonntag ist zum Heiraten ideal. Schließlich ist dieser Feiertag für Feste wie geschaffen.

Wie wird mein Partner sein?

1. Blond, ansehnlich und groß. Er wird sehr zärtlich sein und einen soliden Charakter haben. Eine gute Voraussetzung, um mit ihm glücklich zu werden.
2. Verwitwet oder geschieden. Dieser Partner wird sich schnell für Sie entscheiden und Ihnen ein Leben in guten Verhältnissen bieten. Doch auch die inneren Werte sind überzeugend.
3. Treu und ehrlich, wenn auch nicht unbedingt attraktiv. Trotzdem können Sie eine gute Ehe führen, denn dieser Partner wird sich ganz auf Sie und Ihre Interessen einstimmen.
4. Ihr Schicksal könnte ein Schürzenjäger sein. Wahrscheinlich werden Sie diesen Partner nie ganz für sich allein haben, denn er sieht einfach zu gut aus und sein Lächeln ist unwiderstehlich.
5. Sportlich und sehr gepflegt wird Ihr Partner sein. Das wird darüber hinwegtäuschen, dass er keine perfekte Figur hat. Doch er ist ehrgeizig und arbeitet an sich, um Ihnen zu gefallen.
6. Dunkel und sehr erotisch. Seine Augen sind wunderschön, doch er ist auch ein wenig eitel. Beruflich kann er viel erreichen und wird sich auch einen Namen machen wollen.

Bekomme ich den Menschen, den ich liebe?

1. Ja, er ist ohnehin schon ganz angetan, doch langes Warten kann ihm zu dumm werden. Setzen Sie ein Signal.
2. Sobald derjenige weiß, dass Sie von ihm so angetan sind wie er von Ihnen, wird es für Sie beide kein Halten mehr geben.
3. Lassen Sie es am besten sein. In einigen Monaten werden Sie eine vollkommen neue Einstellung gewinnen und erkennen, dass Ihr jetziges Gefühl Sie getrogen hat.
4. Es kann wirklich die große Liebe für Sie beide werden. Sie können sich der geliebten Person nähern, doch bis sie wirklich zueinander gehören, wird noch Geduld von Ihnen verlangt.
5. So wie es jetzt läuft, klappt es sicher nicht. Zeigen Sie, dass Sie es wirklich ernst meinen, denn momentan verhalten Sie sich zu oberflächlich. Das erscheint Ihrem Schwarm doch zu riskant.

6. Schweifen Sie nicht so weit in die Ferne. Das Gute liegt für Sie wirklich ganz nah. Bald werden Sie bemerken, dass ein alter Freund Ihr(e) Lebensgefährte(in) sein wird.

Wie oft werde ich heiraten?

1. Jetzt hält Sie anscheinend Ihr Stolz noch zurück, doch das wird sich bald ändern. Das magische Herz verspricht Ihnen noch bis zu drei Ehen.
2. Es werden Sie eine Menge Gefährten begleiten, manchmal sogar mehrere gleichzeitig. Doch nur einer wird Ihnen wirklich etwas bedeuten, aber denjenigen werden Sie nicht heiraten.
3. Zwei glückliche Lieben sind Ihnen beschieden. Trotzdem werden Sie sich nicht für die Ehe entscheiden wollen.
4. Den Ring Ihres Liebsten sollten Sie nicht zurückweisen, denn es ist eine einmalige Chance. Eine weitere Gelegenheit wird sich wahrscheinlich nicht ergeben.
5. Sie werden eine Ehe eingehen und diese wird sich auch als stabil und glücklich erweisen. Nach anfänglichen Reibereien werden Sie ein ideales Team sein.
6. Zwei Ehen können sich bei Ihnen ergeben. Da Sie die Neigung haben, nicht treu zu bleiben, sollten Sie einmal gründlich darüber nachdenken, ob die Ehe wirklich das Richtige für Sie ist.

4. Die Weissagung aus dem Alphabet

Bei dem bereits erwähnten Buchstaben-Orakel geht es darum, mit Hilfe des Alphabets in die Zukunft zu schauen. Diese Kunst hat viele Jahrhunderte überlebt und ist in Wahrsagerkreisen heute noch ziemlich weit verbreitet.

Sie gilt als besonders sicher und genau, obwohl sie sich einer recht simplen Methode bedient. Aber die einfachen Methoden sind ja bekanntlich oft die besten. Das Wahrsagen mit dem Alphabet ist nichts anderes als ein Aspekt der Namensanalyse. Sie können Ihren eigenen und natürlich jeden beliebigen anderen Namen ausdeuten. Studieren Sie die unten angeführte Tabelle. Machen Sie sich Notizen von Ihren Interpretationen und den endgültigen Ergebnissen. Die Bedeutungskraft eines Buchstabens wird je nach den Buchstaben, die ihn umgeben, verstärkt oder abgeschwächt. Sollte ein Buchstabe in einem Namen mehrere Male vorhanden sein, bekommt er natürlich eine besonders starke Bedeutung.

Die Umlaute Ä, Ö und Ü sind in diesem Orakel nicht angegeben. Sie müssen also Ihren Namen entsprechend in AE, OE und UE abändern.

A Erzeugt angestrengte Tätigkeit bei einer Person. Der Betreffende hat die Fähigkeit, Kraft und Ausdauer, auf allen Gebieten des Lebens erfolgreich zu sein. Aber auch eine Neigung zu überflüssigen Wagnissen ist vorhanden, die man unter Kontrolle bringen sollte. Man muss vorsichtiger und bedachter ans Werk gehen. Der Betreffende ist oft impulsiv und muss Selbstbeherrschung lernen. Er ist treu und zuverlässig, aber oft auch exzentrisch.

B Verleiht dem Betreffenden etwas weniger Kraft als A und erzeugt eine Tendenz zu körperlicher Schwäche. Anspannung und Nervosität sind an der Tagesordnung. Es handelt sich meistens um einen Menschen, der gern lernt und sich den Wissenschaften, der Literatur oder der Kunst widmet. Er hilft oft anderen, wenn sie sich in einer unglücklichen Lage befinden. Er hat einen Hang zur Frivolität. Größere Aufrichtigkeit wird ihm zu einem glücklichen Leben verhelfen.

C Bedeutet Stärkung, Kräftigung und Gesundheit. Es handelt sich um jemanden, der auf verschiedenen Gebieten aktiv und ausdauernd ist. Er hat viele natürliche Anlagen, ist jedoch oft ziellos und unsicher bei der Wahl der Methode. Er hat mehr Erfolg, wenn er die Ideen und Pläne anderer Leute ausführt. Im Allgemeinen zeichnet er sich durch gute Laune aus und sollte die Gesellschaft älterer Personen suchen, um sich durch ihre Erfahrung zu bereichern.

D Ist ein Zeichen für viele, meist vergnügliche Reisen. Sind zwei dieser Buchstaben im Namen vorhanden, so könnte es sich um Tod oder um schwere Erkrankung handeln, je nachdem, was die anderen Buchstaben besagen. Der Betreffende ist ehrgeizig, wird jedoch von seinem Vorhaben leicht durch sinnliche Vergnügungen abgelenkt. Er sollte sich vor dieser Schwäche in Acht nehmen und sie überwinden, bevor sie ihn zugrunde richtet. Möglicherweise erhält er ein Kirchenamt.

E Verleiht allen anderen Buchstaben im Namen Wirksamkeit und bekräftigt alle Prophezeiungen und guten Eigenschaften. Da dieser Buchstabe jedoch auch die schlechten Gewohnheiten und Eigenschaften bestätigt, sollte man ihn sorgfältig im Auge behalten. Menschen, bei denen dieser Buchstabe erscheint, sind scharfsinnig, heiter und gut gelaunt. Sie besitzen Energie, Mut und oft auch Abenteuerlust. Sie sollten sich vor allzu großer Begeisterung hüten.

F Bezieht sich für gewöhnlich auf Herzensangelegenheiten. Diese Menschen haben meistens ein unruhiges Naturell, sind sehr schöpferisch und kämpfen in einer Ehe oder längeren Liebesbeziehung mit Schwierigkeiten. Sie haben viele Vorurteile und gelten oft als engstirnig und fanatisch. Auch werden sie von Melancholie verfolgt und brauchen das Mitgefühl sämtlicher Mitmenschen.

G Bedeutet viele längere und kürzere Reisen. Wenn nicht sofort Gegenmaßnahmen getroffen werden, besteht die Gefahr eines finanziellen Verlustes. Den Betreffenden werden Opfer auferlegt, die sie in selbstloser Weise darbringen. Häufige Unfälle könnten sie durch größere Umsicht vermeiden.

H Verrät ein starkes, oft unbeherrschtes Gefühlsleben. Wer diesen Buchstaben in seinem Namen hat, wird bald in die Unannehmlichkeiten eines Freundes verwickelt werden, aus dieser Situation keinen Ausweg finden und sich auf allen Seiten Feinde schaffen. Daher sei vor überstürztem Handeln gewarnt. Oft sind diese Menschen mutig und kämpfen um Anerkennung ihrer Persönlichkeit.

I Das private Gefühlsleben stellt sich oft dem Erfolg in den Weg. Der Betreffende hat vieles mit den „H“-Menschen gemeinsam. Ein schmerzlicher Verlust ist bald zu erwarten, auch ein Ereignis in der eigenen Ehe oder in der eines engen Freundes. Reiseangelegenheiten können sich bald ergeben. Man möge sich davor hüten, anderen zu viel Vertrauen zu schenken, und lernen, Geheimnisse zu bewahren.

J Absichtlich oder unabsichtlich gelangt man in eine führende Position, die sofort ausgenutzt werden sollte. Die Betreffenden lieben harte Arbeit und Verantwortung. Ihr Leben ist meistens sauber und ehrenhaft. Aber sie sollten sich vor einer nahe stehenden, unaufrichtigen Person hüten. Das hartnäckige Beharren auf einer Meinung sollte gemildert werden, da sonst eine langjährige Freundschaft in die Brüche gehen wird.

K Bedeutet immer viele Reisen und Veränderungen im Leben eines Menschen. K erzeugt Intensität und folglich eine nervöse Reaktion. An der nächsten Ecke wartet das Glück. Der Betreffende sollte ja daran festhalten. Die Dinge entwickeln sich besser, als er es sich je träumen ließ, denn er macht auch eine überraschende Erbschaft. Seinen Nächsten wird er im Leben viel Freude bereiten.

L Bringt immer irgendeine Art von Gewinn. Es kann sich um materielle oder auch um geistige Dinge handeln. Erscheint L in Begleitung von O, so bedeutet es materiellen Gewinn, in Begleitung von R bedeutet es Gesundheit. Es bestärkt die Möglichkeit einer baldigen Heirat. Gegenwärtig wird ein kühnes Unternehmen von Erfolg gekrönt.

M Verheißt mannigfache Veränderungen. Zwei M sind unerwünscht und bedeuten oft unmittelbare Gefahr. Wer drei M im Namen hat, muss sich dauernd mit physischer Gewalt auseinandersetzen. Die Betreffenden werden die ganze Welt bereisen, sobald sich die Gelegenheit dazu bietet. Falls es nicht zu Weltreisen kommt, wird man auf jeden Fall viel in der Heimat herumfahren. Diese Leute müssen mit Gefahren rechnen. Zwei M können eine ernste Erkrankung oder sogar den Tod bedeuten; in Begleitung eines I oder eines H betrifft es Tod oder Krankheit nahe stehender Personen.

N Findet man oft bei Leuten, die ein körperliches Leiden haben. Ihr Glaube ist eine mächtige Waffe im Kampf um Leben und Glück. Jeder Fanatismus ist ihnen fremd, und bei Schwierigkeiten wendet man sich gerne an sie, weil sie besonders fair sind. Sie haben einen Sinn für das Praktische. Misstrauen verletzt sie. Ihre zu lebhafte Phantasie kann ihnen Kummer bereiten.

O Bezieht sich im Guten wie im Bösen auf finanzielle Probleme. Ist das O der erste Buchstabe des Namens, kann der Betreffende mit geschäftlichem Erfolg und hohem Einkommen rechnen. O ist auch ein Zeichen für große Weisheit. Wird es von einem G begleitet, sind die finanziellen Erfolge noch größer. Sollte jedoch ein F daneben stehen, so hat das eine katastrophale Vorbedeutung.

P Bringt Macht, Position, Größe und viel Verantwortung. Die Betreffenden arbeiten mit Hingabe, wenn sie etwas unternehmen. Um zu Ruhm und Erfolg zu gelangen, bringen sie auch überflüssige Opfer. Sie flößen anderen edle Gedanken ein, sollten aber darauf achten, sich selbst mehr zur Geltung kommen zu lassen. Dauernde Aufrichtigkeit ist für ihren Erfolg am zuträglichsten. Vor rothaarigen Menschen müssen sie sich hüten.

Q Ist im Allgemeinen ein günstiger Buchstabe. Er verspricht schnelle Rekonvaleszenz nach einer Krankheit und mit der Zeit auch Erfolg in Liebe und Ehe. Es handelt sich um zärtlich veranlagte Menschen, die vom anderen Geschlecht gern gesehen werden. Nur besteht die Gefahr, dass Leidenschaft sie um einen Teil ihres Glücks bringt. Mangel an Voraussicht in privaten Angelegenheiten wird ihnen sehr schaden. Sie müssen lernen, ihre Leidenschaft zu zügeln.

R Gilt für gewöhnlich als günstiges Zeichen, denn die Betreffenden sind Leute, die vieles zugleich tun wollen und schließlich andere aus egoistischen Motiven verdrängen. Sie sind rasend ehrgeizig, gehen über Leichen und schaffen sich viele Feinde. Wegen einer hohen Stellung in dieser Welt sollten sie ihre Seele nicht dem Teufel verkaufen. Vor drei Menschen, die als Freunde gelten, sei gewarnt. Sie schmieden Ränke.

S Bedeutet ein Leben mit vielen Krisen, die aber schließlich immer positiv enden. Erkranken diese Menschen, so werden sie sehr schnell und wieder völlig gesund. Sie sind gute Organisatoren und meistens mit Wohltätigkeit beschäftigt. Sie machen gerne andere glücklich. Sie sind kritisch veranlagt, was manche ihrer Pläne nicht zur Durchführung gelangen lässt. Eine unerwartete Krankheit steht bevor. Für Liebesangelegenheiten stehen schlechte Zeiten bevor.

T Im Allgemeinen günstig, aber ein sehr bewegtes Leben, viele Reisen und schließlich eine unglückliche Ehe, besonders wenn man bei der Wahl des Partners zu voreilig war. Die freundliche und gutmütige Art dieser Person wird leicht von anderen ausgenutzt. Wird sie von Menschen, zu denen sie tiefes Vertrauen hat, verletzt, muss sie sich davor hüten, zu zynisch zu werden.

U Bedeutet fast immer irgendeinen Verlust. Um welche Art von Verlust es sich handelt, wird erst aus den anderen Buchstaben des Namens hervorgehen. Es kann Geld, Liebe, Gesundheit, einen Verwandten, die Wohnung oder irgendetwas anderes betreffen. Sollten sich mehrere U im Namen befinden, so wird es ein schwerer Verlust sein. Der Betreffende kann gar nicht vorsichtig genug sein, er muss jedem Risiko aus dem Weg gehen. Vor Lügnern und Betrügern, die seine Fähigkeiten für eigene Zwecke ausnützen möchten, muss er sich besonders in Acht nehmen.

V Beinhaltet viele Reisen, Extravaganzen und Verschwendung körperlicher Kräfte. Es handelt sich um jemanden mit vielen natürlichen Talenten, die aber meistens sinnlos vergeudet werden. Vorsicht vor einem Vertreter des anderen Geschlechts, der ernstliche Konflikte heraufbeschwören will! In diesem Augenblick wird der Betreffende zum Narren gehalten. Er soll lernen, die Wirklichkeit so zu sehen, wie sie ist, und nicht so, wie er sie haben möchte.

W Hat einen schwankenden, unsicheren Einfluss, der sich, tritt man ihm nicht entgegen, für den Betreffenden katastrophal auswirken kann. Zwar ist dieser kritisch gegen sich selbst, aber nicht kritisch genug gegen andere. Er hat ein abenteuerliches Naturell, aber Unsicherheit und Unentschlossenheit rücken den Erfolg in weite Ferne. Es wird mehr Hindernisse auf seinem Lebensweg geben, als er bis jetzt annimmt. Einige dieser Probleme kann er mit Mut und Tatkraft lösen, bevor sie zu groß werden. Er sollte keine günstige Gelegenheit vorübergehen lassen.

X Gilt als ungünstiges Zeichen. Wer diesen Buchstaben im Namen hat, sollte mehr zu Hause bleiben und ein ruhiges Leben führen. Seine berufliche Lage hat ihre normalen Schwankungen. In naher Zukunft steht ein arger Schock bevor und er sollte auf ihn gefasst sein. Er muss weiterhin vorsichtig sein, wenn er keine Niederlage erleiden will. Auch soll er nicht auf böse Einflüsterungen hören. Jemand wird bald in seiner Umgebung Zwietracht säen.

Y Verspricht Erfolg, schnelle Rekonvaleszenz nach einer Krankheit und absolute Sicherheit für See- und Luftreisen. Der Betreffende muss bei seinen Arbeiten disziplinierter vorgehen. Aus ihm könnte ein Mensch mit höchst verfeinerter Begabung, vielleicht ein Dichter oder Sänger werden. Wenn sich ihm eine günstige Gelegenheit bietet, soll er sie ergreifen, selbst wenn er ein Risiko eingeht. Es wird seine einzige Chance sein.

Z Bezieht sich in jeder Lebensphase auf eine verborgene Schicht, auf einen dunklen, geheimnisvollen Bereich der Seele, der nur dem Betreffenden bekannt ist. Er wird vielleicht im religiösen Leben Frieden finden, sollte aber diesbezüglich keine überstürzten Entschlüsse fassen. Bevor er etwas Definitives unternimmt, muss er erst davon überzeugt und sicher sein. Fehler werden ihn teuer zu stehen kommen. Seine Gegner wird er überzeugen, da er keinesfalls eine Niederlage akzeptieren soll. Wenn er für seine Ideale einsteht, wird er alle gegenwärtigen Schwierigkeiten überwinden.

5. Das englische Kreis-Orakel

Reine Zufälle gibt es nicht im Leben. Ob zum Beispiel Ihre Verabredung heute Abend klappt oder nicht – dafür sind die Fäden bereits gezogen: Menschen bewegen sich ständig auf Sie zu – um Ihnen zu begegnen oder um Sie zu verpassen. Schärfen Sie deshalb Ihre Intuition mit diesem englischen Kreis-Orakel, das schon Königin Viktoria befragte. Denn wie Sie den Ring fallen lassen, ist kein Zufall, sondern ein Hinweis. Sie können allein, zu zweit oder in einer größeren Runde spielen. Was Sie brauchen, ist ein Ring – egal ob mit oder ohne Schmuckstein. Halten Sie ihn etwa 20 Zentimeter über den Kreis (verwenden Sie dazu die Abbildung auf Seite 107), zwischen den Fingerspitzen von Daumen und Zeigefinger. Nehmen Sie dazu Ihre dominante Hand, also Rechtshänder die rechte, Linkshänder die linke. Bevor Sie den Ring fallen lassen, stellen Sie sich eine Frage, die mit Ja oder Nein beantwortet werden kann. Etwa: „Ist der geplante Urlaub mit meinem Freund wirklich eine gute Idee?" Oder: „Meine Freundin war nicht fair zu mir. Soll ich die Einladung zu ihrem Geburtstag trotzdem annehmen?" Lassen Sie nun den Ring los. Trifft er auf eine Zahl, können Sie die Antwort nachfolgend bei der entsprechenden Zahl lesen. Liegt der Ring zwischen zwei Zahlen, kommt es auf die Zahl an, der er am nächsten liegt. Fällt er nicht in den Kreis, waren Sie nicht konzentriert genug. Dann probieren Sie es einfach noch einmal.

Wohin ist Ihr Ring gefallen? Unter der jeweiligen Ziffer können Sie nachlesen, welches die günstigste Lösung Ihrer Frage ist.

1 Ja, Sie gehören zu den Menschen, die sich auch bei Schwierigkeiten nicht entmutigen lassen. Deshalb werden Sie nicht vorschnell aufgeben, sondern die nötige Geduld haben, das Problem zu lösen. Am Ende steht der Erfolg. Haben Sie den Mut, sich selbst und anderen voll zu vertrauen.

2 Ja, aber nicht heute oder morgen. Es gibt da noch jemanden, der Ihnen im Weg steht und versucht, alles zu vereiteln. Sie dürfen diesen Widerstand nicht unterschätzen, sollten ihn aber auch nicht zu ernst nehmen. Nicht auf Konfrontation gehen, sondern eine positive Einstellung finden. Nur damit ist es zu schaffen.

Das englische Kreis-Orakel

3 Ja, Sie werden nämlich in den nächsten Tagen über sich hinauswachsen. Wenn Sie Ihre großen Energiereserven dann sinnvoll einsetzen und nicht über das Ziel hinausschießen, sind alle Vorteile auf Ihrer Seite. Nur allzu ungestümes Vorgehen könnte für Sie zum Fallstrick werden. Seien Sie geduldig, mit sich selbst und den anderen.

4 Vielleicht! Es gibt zur Zeit noch einige Missverständnisse und Illusionen. Erst wenn Sie die Situation realistisch einschätzen und bereit sind, einen vernünftigen Kompromiss einzugehen, eröffnen sich die Chancen zu einer tragfähigen Lösung. Es liegt also fast alles bei Ihnen. Blicken Sie nach vorn. Das kleinliche Addieren vergangener Ärgernisse kostet Kraft und bringt Sie nicht weiter.

5 Ganz gewiss. Sie sehen im Moment alles viel verworrener, als es tatsächlich ist. Sie hören auch zu sehr auf andere und könnten deshalb den richtigen Augenblick verpassen. Zögern Sie nicht, sondern zeigen Sie, dass man auf Sie zählen kann. Keine taktischen Spielchen, die verwirren nur und gehen auf Kosten des gegenseitigen Vertrauens.

6 Es dürfte doch etwas schwieriger werden, als Sie es erwarten. Sie gehen von falschen Voraussetzungen aus. Andere sehen das ganz anders als Sie. Deshalb sollten Sie jetzt auf einen guten Rat von Freunden hören und sich nicht länger trügerischen Hoffnungen hingeben.

7 Die Frage ist im Augenblick noch nicht entschieden. Lassen Sie sich Zeit und grübeln Sie nicht zu sehr; versuchen Sie lieber, den Augenblick zu genießen. Alles andere wird sich zu einem späteren Zeitpunkt finden. Dann ist vieles klarer und übersichtlicher. Wenn Ihnen die Angelegenheit sehr am Herzen liegt, stellen Sie dem Orakel die Frage in einer Woche noch einmal.

8 Vorsicht! Glauben Sie nicht alles, was man Ihnen derzeit vormacht. Eine gewisse Distanz zu den Dingen wäre jetzt gar nicht schlecht. Im Augenblick sieht alles sehr viel interessanter aus, als es tatsächlich ist. Doch das ist nicht der Alltag, sondern die Ausnahme. Darauf müssen Sie sich einstellen.

9 Gewiss. Doch ohne Hilfe werden Sie es kaum schaffen. Sprechen Sie mit einer guten Freundin über die Probleme, die Ihnen Kummer bereiten. Sie ist unvoreingenommen und sieht die Dinge nüchterner. Sie könnte auch die Brücke bauen, die Sie brauchen.

10 Ja, aber Sie dürfen sich nicht irritieren lassen. Zeigen Sie mehr Selbstbewusstsein, dann kann nichts schief laufen. Denn momentan können Sie sich voll auf Ihr gutes Gespür verlassen und erleben sicherlich keine Enttäuschung.

11 Die Frage ist viel zu früh gestellt. Steuern Sie nicht verbissen auf etwas zu, was noch nicht ausgegoren ist. Nur wenn Sie locker bleiben und die Dinge reifen lassen, kann sich etwas Positiveres für Sie daraus entwickeln. Geben Sie also öfter mal nach. Man wird Sie dafür schätzen.

12 Gut möglich, dass sich alles wesentlich schneller und positiver entwickeln wird, als Sie es sich im Augenblick vorstellen können. Wichtig ist nur, dass Sie nicht den Eindruck vermitteln, Sie wären an vielem nicht sonderlich interessiert. Damit könnte nämlich schon alles zu Ende sein und Sie hätten das Nachsehen. Achten Sie darauf: Jemand möchte Ihr Freund sein.

13 Es klappt nicht wie geplant. Sie wirken unsicher und haben zu viele Eisen im Feuer, was einige Ihrer Freunde ziemlich irritierend finden. Man hält Sie deswegen für unberechenbar. Dieses Image müssen Sie abbauen. Sicherlich mag man Sie mehr, als Sie annehmen. Bemühen Sie sich insgesamt um eine eindeutigere Haltung, dann erfahren Sie auch mehr Bestätigung in dieser Sache.

14 Es könnte gut gehen. Aber nur, wenn Sie richtig aktiv werden. So werden auch die Reaktionen, die Sie sich von anderen erhoffen, eintreten. Zögern wäre unklug: Ergreifen Sie also die Initiative – und überraschen Sie die anderen mit Ihrem Einfallsreichtum.

15 Ja, Sie können sich auf Ihr Glück verlassen! Es steht eine unerwartete und erfreuliche Wende bevor. Sie sollten jetzt gar nichts unternehmen, sondern alles auf sich zukommen lassen. Nur voreiliges Handeln könnte vieles in falsche Bahnen lenken und Ihnen schaden.

16 Ihre Hoffnungen werden erfüllt, allerdings auf ganz andere Art, als Sie sich das vorstellen. Doch mindestens genauso gut! Halten Sie sich deshalb offen für Veränderungen, ohne ein zu präzises Ziel vor Augen zu haben. Sie müssen sich beweglich zeigen und dürfen sich keinem Argument verschließen.

17 Es ist noch alles in der Schwebe. Zuerst einmal sollten Sie darüber nachdenken, was Sie wirklich wollen. Denn Ihre eigenen Gefühle sind noch nicht gefestigt. Sie erwarten deshalb von anderer Seite zu viel, auch in den nächsten Tagen. Ein glücklicher Umstand kann aber bald Klarheit bringen. Hören Sie auf Ihre innere Stimme.

18 Es kann Schwierigkeiten geben. Zunächst werden Sie eine Enttäuschung verkraften müssen. Das heißt aber nicht, dass damit eine Chance ein für allemal verbaut ist. Ganz im Gegenteil: Aus der Enttäuschung erwächst für Sie eine positive Entwicklung. Ihr Freundeskreis wird größer, fröhlicher und stabiler.

19 Misstrauen oder Argwohn sind wirklich nicht angebracht. Doch wenn Sie Ihre Zweifel nicht rasch besiegen, werden Sie alles verderben. Wenn Ihnen etwas daneben geht, sind Sie selbst daran schuld: Sie sind im Moment viel zu nüchtern und zu grüblerisch. Machen Sie sich frei davon! Gehen Sie freundlich und offen auf andere zu.

20 Ja. Zur Zeit scheinen Sie das Glück gepachtet zu haben. Deshalb gibt es nicht den geringsten Grund, irgendwelche Zweifel anzumelden. Das wird auch auf längere Sicht so bleiben. Genießen Sie diese Wochen in vollen Zügen, und lassen Sie sich von niemandem aufhalten. Stellen Sie jetzt die Weichen für Ihre Zukunft.

21 Sie haben ins Schwarze getroffen. Im Augenblick gehen alle Ihre Wünsche in Erfüllung und Ihnen gelingt einfach alles. Sie sind ein echtes Glückskind. Teilen Sie Ihre gute Laune mit anderen. Wenn Sie wollen, können Sie jetzt überall im Mittelpunkt stehen. Und Ihre Freunde halten große Stücke auf Sie.

6. Das indische Farben-Orakel

Es sieht aus wie ein einfaches Spiel, hat aber eine tiefere Bedeutung. Schauen Sie sich für einen Augenblick diesen Farbkreis auf Seite 111 an und wählen Sie die Farbe, die Ihnen spontan am besten gefällt. Bitten Sie dann Ihren Partner, seinerseits die Farbe zu wählen, die ihn am meisten anspricht. Anhand der Kombination lässt sich erkennen, ob Sie zueinander passen oder wie gegensätzlich Sie sind. Was viele nicht wissen: Der Farbgeschmack ändert sich mit der Stimmungslage. Vielleicht spricht Sie sonst leuchtendes Blau am stärksten an. Aber hier gefällt Ihnen plötzlich

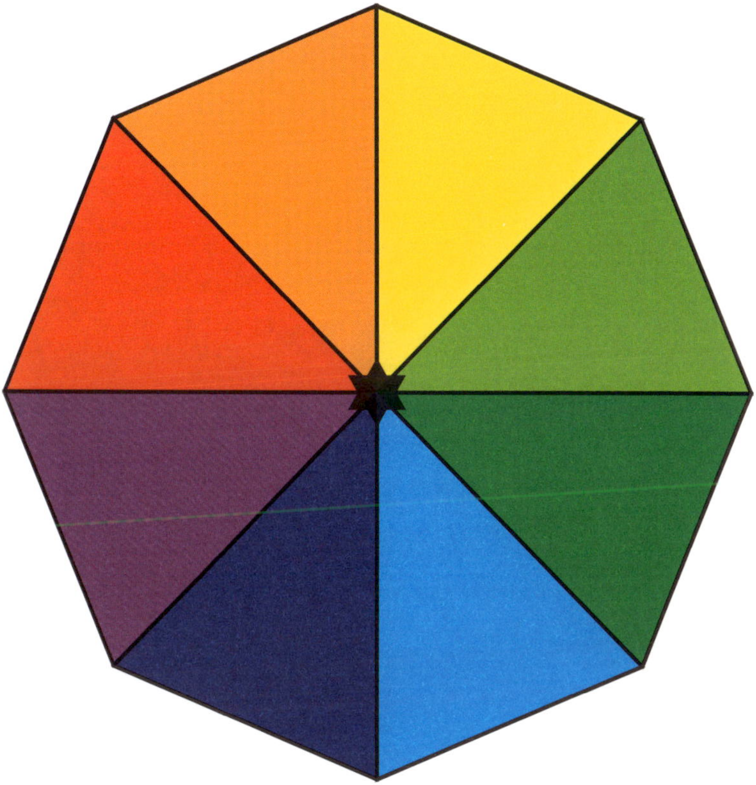

Das indische Farben-Orakel

Orange sehr gut. Das kann ein Hinweis darauf sein, dass Sie zur Zeit besonders optimistisch sind. Sie können das Farb-Orakel auch nutzen, wenn Sie keinen Partner haben oder er gerade nicht da ist. Dann beachten Sie einfach die nachfolgenden Kurzbeschreibungen der Farben.

Das sagen die Farben über Ihre Stimmungslage aus (die Deutung gelten für beide Geschlechter):

Gelb
Sie sind besonders gut drauf, lebenslustig und ein bisschen leichtsinnig. Ihre Vorstellungen von Partnerschaft sind recht individuell.

Hellgrün
Bei Ihnen überwiegt zur Zeit die praktische Seite. Ein Partner muss Ihnen auch einen Nutzen bringen.

Blaugrün
Sie verstehen es, das Beste aus jeder Lage zu machen.

Blau
Sie besitzen Geschäftssinn und streben jetzt vor allem nach Erfolg.

Dunkelblau
Sie neigen zu mystischen Dingen, wollen den Geheimnissen des Lebens auf den Grund gehen.

Violett
Ihre Ziele sind zur Zeit hoch gesteckt. Sie wollen vorankommen.

Rot
Sie sind eine Kämpfernatur, sehr leidenschaftlich und kompromisslos.

Orange
Ihr ausgeglichenes Wesen steckt voller Optimismus. Harmonie oder Zwist? Die gewählte Kombination entschlüsselt, wohin Ihre Beziehung gerade tendiert. Links steht Ihre Farbe, rechts die Farbe Ihres Partners.

Gelb / Gelb
Zur Zeit verstehen Sie sich blendend, doch dem Alltag dürfte diese Liebe noch nicht gewachsen sein. Sie machen sich beide zu große Illusionen.

Gelb / Hellgrün
Interessante Kombination! Kreativität und tolle Einfälle beleben die Partnerschaft. Sie werden noch lange am selben Strang ziehen.

Gelb / Blaugrün
Es fehlt ihm etwas an Temperament. Sie wollen das Leben genießen, er will Nägel mit Köpfen machen. Versuchen Sie ihn mitzureißen.

Gelb / Blau
Er sieht alles viel ernster als Sie. Missverständnisse sind kaum zu vermeiden. Gehen Sie mehr aufeinander ein, dann klappt es besser.

Gelb / Dunkelblau
Große Gegensätze. Aber wenn einer bereit ist nachzugeben, kann das besonders gut klappen. Machtproben sollten Sie unbedingt vermeiden.

Gelb / Violett
Eine sehr dynamische Partnerschaft. Sie bringen den Optimismus, er den Drive. Das läuft harmonisch und stimmt auch auf Dauer.

Gelb / Rot
Hier kracht es öfter. Sie wollen Spaß, er will eine Frau für sich allein. Aber auf jeden Streit folgt eine romantische Versöhnung. Das bringts.

Gelb / Orange
Nicht ganz einfach, aber sehr chancenreich. Beide sind gefühlvoll und leicht verletzbar. Jeder braucht Samthandschuhe für den anderen.

Hellgrün / Hellgrün
Zwei empfindsame Menschen haben sich getroffen. Es wird entsprechend auf und ab gehen, bis man sich kennt und nichts mehr verübelt.

Hellgrün / Blaugrün
Ein bisschen zu viel Vernunft ist im Spiel, doch die Partnerschaft ist so besonders stabil. Dennoch: Machen auch Sie mal was Verrücktes!

Hellgrün / Blau
Sie können miteinander! Sie sind beide ehrlich, gründlich und sehen das Leben sehr realistisch. Etwas Romantik täte Ihnen sehr gut.

Hellgrün / Dunkelblau
Das Risiko ist groß, dass Ihre unterschiedlichen Interessen Sie einander entfremden. Sie müssen klarere Absprachen treffen, sonst gibt es Ärger.

Hellgrün / Violett
Sie können sich wunderbar ergänzen, sofern Sie einander genügend Spielraum lassen und sich gegenseitig nicht umkrempeln wollen.

Hellgrün / Rot
Gegensätze ziehen sich an. Das kann gut gehen, solange sein Temperament Sie nicht übermäßig nervt. Positiv: viel Leidenschaft!

Hellgrün / Orange
Sie verstehen sich gut, sind vor allem prima Kumpel und können auch gute Gespräche miteinander führen. Fraglich, ob das auf Dauer ausreicht.

Hellgrün / Gelb
Sie sind praktisch, er hat den Kopf in den Wolken. Sie brauchen viel gegenseitige Toleranz. Dann wird es eine hoch interessante Beziehung.

Blaugrün / Blaugrün
Sie haben beide sehr ernste Absichten, es fehlt nur der rechte Schwung, das zu zeigen. Wenn Sie's nicht bald tun, kann es zu spät sein!

Blaugrün / Blau
Sie sind eine Lebenskünstlerin, er will aufsteigen. Reich können Sie mit ihm werden, aber das Herz bleibt dabei eventuell auf der Strecke.

Blaugrün / Dunkelblau
Eine geradezu ideale Verbindung. Sie sollten ihm schwierige Entscheidungen abnehmen, weil Sie praktischer und mutiger sind.

Blaugrün / Violett
So schnell werden Sie ihn nicht mehr los. Darüber müssen Sie sich im Klaren sein. Er kann mit der Liebe nicht spielen. Dafür ist er viel zu ernst.

Blaugrün / Rot
Es funkt und knistert! Sie haben sich einen Draufgänger geangelt, den Sie an der kurzen Leine halten müssen – sonst ist er bald weg.

Blaugrün / Orange
Achtung, es kann sein, dass er mit Ihren Gefühlen spielt. Trotzdem hat die Beziehung Chancen, sofern Sie nicht zu eifersüchtig sind.

Blaugrün / Gelb
Sehr verschieden, aber geradezu aufregend schön! Und Sie können ihm den Halt bieten, den er im Leben wirklich dringend braucht.

Blaugrün / Hellgrün
Vielleicht ist es nicht gerade die Liebe auf den ersten Blick. Doch seine Geradlinigkeit kann Sie überzeugen. Es wird immer besser werden.

Blau / Blau
Zwei Erfolgstypen haben sich gefunden. Trotz Rangeleien werden Vernunft und Anziehungskraft immer wieder siegen.

Blau / Dunkelblau
Das passt, wenn Sie das Heft in die Hand nehmen und ihn aus seiner Verschlossenheit herausholen. Sie dürfen ihn nur nicht überrumpeln!

Blau / Violett
Viele gemeinsame Interessen bilden ein sehr starkes Band. Sie müssen ihn allerdings immer mal aus seinen Tagträumen aufwecken.

Blau / Rot
Starke Charaktere, alle beide. Sie setzen sich mit großer Energie füreinander ein. Dabei besteht aber die Gefahr, dass Sie sich einengen.

Blau / Orange
Zwei Gegensätze! Das funktioniert aber nur, wenn Sie nicht zu berufsorientiert und zu tüchtig sind. Denn sonst leidet sein Selbstbewusstsein.

Blau / Gelb
Das kann Kummer bringen! Sie sind ihm zu ernst, denn er geht gern leichtfüßig durchs Leben. Lassen Sie sich doch mal von ihm anstecken.

Blau / Hellgrün
Nicht schlecht, aber vielleicht etwas nüchtern, sobald die erste Verliebtheit vorbei ist. Doch vieles lässt sich mit Verständnis füreinander regeln.

Blau / Blaugrün
Es mag Auseinandersetzungen geben, doch Sie werden nie wieder völlig voneinander loskommen. Ein ungemein festes, inniges Band!

Dunkelblau / Dunkelblau
Sehr gut! Sie müssen nur aufpassen, dass Sie miteinander nicht zu sehr abheben. Und Sie sollten nicht vergessen, dass es auch Pflichten gibt. Liebe allein reicht nicht.

Dunkelblau / Violett
Für Sie fabelhaft, für ihn anstrengend. Er muss einiges aufgeben, wird aber in Zukunft viel besser als bisher zurechtkommen. Er ist Ihr großer Glücksfall!

Dunkelblau / Rot
Kompliziert! Er hat vom Leben andere Vorstellungen als Sie. Und er will unbedingt dominieren. Da Sie nicht nur sein Schmusekätzchen sein wollen, kracht es.

Dunkelblau / Orange
Seine Leichtigkeit ist begeisternd. Sein Hang zum Flirten verheerend. Da Sie eifersüchtig sind, gibt es viele Konflikte. Schwierig, aber immer wieder spannend.

Dunkelblau / Gelb
Sie sind gefühlvoll, Ihr(e) Partner(in) ist eher leichtsinnig. Beide müssen Kompromisse machen, wenn aus der Beziehung etwas werden soll. Häufig geht das zu Ihren Lasten.

Dunkelblau / Hellgrün
Eine sehr gute Verbindung! Ihm können Sie Ihre Zukunft anvertrauen. An seiner Seite werden Sie die materiellen Sorgen bald los sein und sich geborgen fühlen.

Dunkelblau / Blaugrün
Gute Aussichten. Sie haben einen treuen, fürsorglichen Partner, müssen aber darauf achten, dass er Sie nicht voll vereinnahmt. Von Anfang an Freiraum schaffen!

Dunkelblau / Blau
Solide und treu von beiden Seiten. Es fehlt nur ein wenig der Zunder. Trauen Sie sich ruhig, Ihre geheimen Wünsche zu äußern. Das ist für ihn eine Orientierungshilfe.

Violett / Violett
Das Chaos lässt grüßen. Beide schießen schnell übers Ziel hinaus, lieben das süße Leben. Das geht nur gut, wenn Sie sich füreinander verantwortlich fühlen.

Violett / Rot
Leidenschaft! Vor lauter Gefühlen wissen Sie beide nicht, wo Ihnen der Kopf steht. Mehr Ruhe ist angesagt, aber die kommt mit der Zeit wohl von selbst. Trotzdem muss man sagen, dass Ihr Leben alles andere als langweilig und eintönig ist.

Violett / Orange
Machen Sie sich keine Sorgen, das momentane Glück hält an. Von engerer Bindung sollten Sie aber noch nicht sprechen. Schaffen Sie erst die nötige Basis dafür.

Violett / Gelb
Im Augenblick mag es umwerfend sein. Bewahren Sie trotzdem einen kühlen Kopf. Es könnte sich bei ihm nämlich um ein reines Strohfeuer handeln.

Violett / Hellgrün
Sie müssen aufpassen: Ihr Partner neigt zur Erbsenzählerei. Nur wenn es Ihnen gelingt, ihn von Ihren Plänen zu überzeugen, zieht er wirklich gut mit.

Violett / Blaugrün
Mag sein, dass er nicht so temperamentvoll ist, wie er sich jetzt zeigt. Grundsolide ist er auf alle Fälle, vor allem jedoch auch anpassungsfähig und liebevoll.

Violett / Blau
Das ist etwas Ernstes. Auf jeden Fall dürfen Sie seinen Schwüren glauben. Sie passen recht gut zueinander – vorausgesetzt, Sie lassen sich noch viel Zeit.

Violett / Dunkelblau
Für Sie anstrengend, für ihn fabelhaft. Sie werden sein Leben in die Hand nehmen und ihm Erfolg bringen. Vergessen Sie dabei Liebe und Zärtlichkeit nicht.

Rot / Rot
Leidenschaft pur! Liebe als Naturgewalt. Sie sind überzeugt, ohne einander nicht mehr leben zu können. Nur weiter so, der Alltag bremst die Gefühle ohnehin.

Rot / Orange
Es fällt ihm nicht leicht, Ihr Tempo mitzuhalten. Wenn Sie so weitermachen, haben Sie ihn bald geschafft. Er braucht Ruhe, um seine Qualitäten zu entfalten.

Rot / Gelb
Er hat die Ideen, Sie setzen sie in die Tat um. Das ist eine vielversprechende Kombination. Sie müssen ihn nur gelegentlich Luft holen lassen, sonst wirds zu viel.

Rot / Hellgrün
Ermüdung droht! Sie sind es bald leid, ihn immer antreiben zu müssen. Dabei könnte seine klare Art Sie wunderbar ergänzen und lenken. Denken Sie um!

Rot / Blaugrün
Die Begeisterung ist ganz seinerseits. Sie haben ihn geweckt. Jetzt ist er Ihnen geradezu verfallen. Wenn Sie lernen, seine Beständigkeit zu schätzen, klappts.

Rot / Blau
Tolle Kombination! Sie bieten das Temperament, er bietet die Sicherheit. Das ist die beste Grundlage, weit über die erste Verliebtheit hinaus. Sie dürfen sich freuen.

Rot / Dunkelblau
Nicht einfach, vor allem für Sie. Er lebt in einer anderen Welt, wird Ihnen bald vorwerfen, oberflächlich zu sein. Seinen Ansprüchen gerecht zu werden ist schwer.

Rot / Violett
Starke, spannende Konstellation. Hier will jeder seinen Kopf durchsetzen. Da kracht es häufig. Positiv: Beide halten gegen den Rest der Welt fest zusammen.

Orange / Orange
Zwei zarte Seelen haben sich getroffen, auch wenn Sie das nicht wahrhaben wollen. Helfen Sie einander aufzuwachen, damit die Liebe nicht wieder einschläft.

Orange / Gelb
Die Grundlagen stimmen. Aber heben Sie nicht ab, sonst fallen Sie bald aus allen Wolken. Eine gemeinsame Zukunft verlangt Realismus.

Orange / Hellgrün
Er wird Sie an die Hand nehmen und in sein Traumland führen. Keine Angst, dies wird kein Albtraum. Sehr, sehr romantisch!

Orange / Blaugrün
Das ist keine Liebelei, die bald vorbei ist. Hier haben sich zwei gesucht und gefunden. Bewahren Sie weiterhin Ihre Zärtlichkeit und Aufmerksamkeit füreinander.

Orange / Blau
Zwei Gegensätze, die sich ergänzen. Er ist von Ihrer Verträumtheit verzaubert, Sie können sich bei ihm anlehnen und geborgen fühlen.

Orange / Dunkelblau
Nicht unproblematisch! Er meint einiges sicher nicht so, wie Sie es hören. Prüfen Sie ihn noch länger, sonst droht eine Enttäuschung.

Orange / Violett
Recht günstig. Sie streben zwar andere Ziele an als er, doch das lässt sich vereinbaren, wenn Sie ihm immer rechtzeitig sagen, was Sie meinen und wollen.

Orange / Rot
Sehr gut, sofern Sie einige Hemmungen über Bord werfen und nicht zimperlich sind. Seine Vitalität darf Sie jedenfalls nicht abschrecken. Er tut Ihnen gut.

7. Das ägyptische Orakel

Die alten Ägypter benutzten es vor fast 5000 Jahren: das Pyramiden-Orakel des Imhotep. Doch noch heute sind die Ergebnisse verblüffend. Das Orakel verrät, welche Talente in uns schlummern und wo unsere Stärken und Schwächen liegen.

Das Pyramiden-Orakel gilt als eine der ältesten Wahrsagetechniken der Welt. Es wurde entwickelt von dem Baumeister und Arzt Imhotep. Als Erbauer der Pyramide von Sakkara soll er in der Lage gewesen sein, das Schicksal zu deuten und in der Zukunft zu lesen. Wer mit einer Frage zu ihm kam, egal ob Bauer oder Pharao, wurde in der Tempelhalle auf ein Dreieck mit 21 Feldern geführt. Genau wie in unserem Orakel-Spiel musste der Ratsuchende dann dreimal neun Schritte über die Felder gehen. Danach war klar, welche Götter sein Schicksal bestimmten.

So wenden Sie das Orakel an:

1. Setzen Sie Ihren Zeigefinger auf die Spitze der Pyramide – „das Auge des Imhotep". Zählen Sie von dort in beliebiger Richtung neun Felder ab. Also zum Beispiel zwei Felder nach links unten, drei Felder nach rechts unten, vier Felder nach rechts.
2. Merken Sie sich den Namen auf diesem Feld (z.B. Feld 2 = Schu. Es ist der ägyptische Gott, der Stärken fördert).
3. Von dort aus wieder neun Felder weitergehen und den Namen merken: Es ist der Gott, der Ihre Schwächen zeigt (z.B. Feld 9 = Nephthys).
4. Noch einmal neun Felder weitergehen. Damit landen Sie auf dem Feld Ihrer Zukunft: der Gott, der Sie auf Ihre unentdeckten Potenziale hinweist (z.B. Feld 11 = Horus).
5. Auf den folgenden Seiten finden Sie für jeden Götternamen die entsprechende Orakeldeutung. In unserem Fall zeigt Ihnen Schu, worauf Sie bei Ihren Vorhaben bauen können, Nephthys gibt an, mit welchen Problemen Sie rechnen müssen. Horus sagt Ihnen, welche Talente Sie beleben müssen, um Ihr Ziel zu erreichen.
6. Man sagt, dass das Orakel Antwort auf konkrete Fragen geben könne, zum Beispiel hinsichtlich des Jobs oder der Partnerschaft. Versuchen Sie es doch mal!

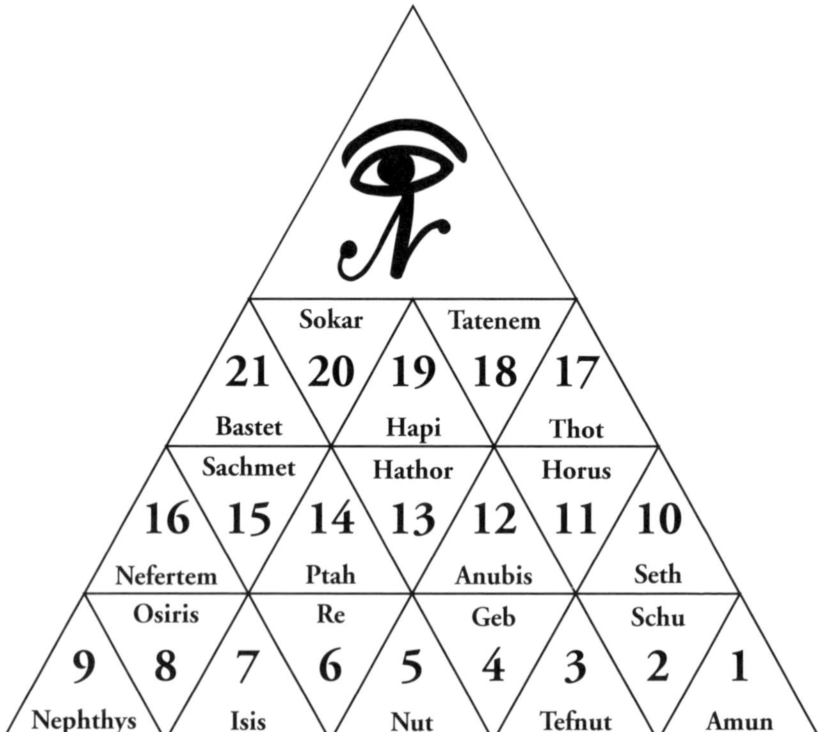

Das ägyptische Orakel

1. Amun: Gott der schöpferischen Kraft

Amun an erster Stelle zeigt, worauf Sie bauen können: Sie sind kreativ. Unternehmerisch. Sie haben Ideen. Sie gewinnen an Selbstständigkeit.
Amun an zweiter Stelle zeigt, was Sie beachten müssen: Sie neigen dazu, anderer Leute Grenzen zu übertreten. Und merken nicht, dass Sie sich selbst Schaden zufügen.
Amun an dritter Stelle zeigt, wo Ihr unentdecktes Potenzial liegt: Sie sind ein Erfolgstyp. Nur glauben Sie es nicht so recht. Sie können mehr riskieren, dann merken Sie's.

2. Schu: Gott der Lüfte

Schu an erster Stelle zeigt, worauf Sie bauen können: Sie sind lebendig, schnell, geschickt. Sie können sich rasch auf Neues einstellen und aus jeder Lage etwas machen.
Schu an zweiter Stelle zeigt, was Sie beachten müssen: Bisher begannen Sie das eine Vorhaben und fanden bald etwas anderes reizvoller. Jetzt erst lernen Sie, bei einer Sache zu bleiben.
Schu an dritter Stelle zeigt, wo Ihr unentdecktes Potenzial liegt: Ihre zähe, ausdauernde Energie. Testen Sie sie. Und staunen Sie über die Ergebnisse.

3. Tefnut: Göttin des Taus

Tefnut an erster Stelle zeigt, worauf Sie bauen können: Sie haben seelisches Feingefühl. Sie brauchen nicht aufzutrumpfen. Sie verfügen über eine still wirkende Kraft.
Tefnut an zweiter Stelle zeigt, was Sie beachten müssen: Sie überlassen anderen die Führung bei Dingen, die Sie besser selbst entscheiden können. Wie lange noch?
Tefnut an dritter Stelle zeigt, wo Ihr unentdecktes Potenzial liegt: Eine enorme Willenskraft schlummert in Ihnen. Eine ehrgeizige Energie. Bekennen Sie sich dazu!

4. Geb: Gott der Erde

Geb an erster Stelle zeigt, worauf Sie bauen können: Sie haben Ausdauer und Durchsetzungskraft. Was auch immer passieren mag, Sie werden immer einen Weg und eine Lösung finden.

Geb an zweiter Stelle zeigt, was Sie beachten müssen: Sie laufen am liebsten auf der Bahn Ihrer Gewohnheiten. Es ist an der Zeit, einen erfrischenden Schritt vom Wege zu tun.
Geb an dritter Stelle zeigt, wo Ihr unentdecktes Potenzial liegt: Sie unterschätzen Ihre Beweglichkeit, Ihre Vielfalt, Ihre Phantasie. Sie sind jünger, als Sie sich geben.

5. Nut: Göttin des Himmels
Nut an erster Stelle zeigt, worauf Sie bauen können: Sie haben eine klare innere Stimme. Deren Rat zu folgen ist nicht leicht, aber richtig.
Nut an zweiter Stelle zeigt, was Sie beachten müssen: Sie neigen dazu, auf das Schicksal zu hoffen. Es ist Ihnen gewogen – wenn Sie es selbst in die Hand nehmen.
Nut an dritter Stelle zeigt, wo Ihr unentdecktes Potenzial liegt: In Ihnen stecken Heilkräfte, mit denen Sie sich und anderen Gutes tun können. Sie müssen sie nur ausbilden.

6. Re: Sonnengott
Re an erster Stelle zeigt, worauf Sie bauen können: Sie haben Ausstrahlung, Charisma und eine natürliche Autorität. An Ihren guten Tagen können Sie die Welt verändern.
Re an zweiter Stelle zeigt, was Sie beachten müssen: Für Beifall und Bewunderung tun Sie vieles, was Ihnen gar nicht entspricht. Stehen Sie zu sich!
Re an dritter Stelle zeigt, wo Ihr unentdecktes Potenzial liegt: Sie haben Führungseigenschaften, Sie können in jeder Beziehung selbstständig sein, wenn Sie an sich selbst glauben.

7. Isis: Muttergöttin
Isis an erster Stelle zeigt, worauf Sie bauen können: In Ihnen ruht Weisheit. Sie sind ein Seelenkenner. Ihr Blick geht in die Tiefe. Sie sind nicht zu täuschen.
Isis an zweiter Stelle zeigt, was Sie beachten müssen: Sie spenden Rat, Trost, Zuwendung. Und sind oft mehr für andere da als für sich selbst. Üben Sie, Nein zu sagen.

Isis an dritter Stelle zeigt, wo Ihr unentdecktes Potenzial liegt: Sie verstecken Ihr Ego. Lassen Sie es raus. Ihre Wünsche rufen nach Verwirklichung.

8. Osiris: Herrscher der Unterwelt
Osiris an erster Stelle zeigt, worauf Sie bauen können: Sie haben Zugang zu Kräften und Quellen, die anderen verborgen sind. Scheinbar zufällig öffnen sich Ihnen die Türen.
Osiris an zweiter Stelle zeigt, was Sie beachten müssen: Sie haben ein Faible für die Kehrseiten der Medaillen. Aber: Die glänzende Vorderseite gehört Ihnen auch!
Osiris an dritter Stelle zeigt, wo Ihr unentdecktes Potenzial liegt: Sie können forsch und optimistisch zupacken. Sie haben ein fröhliches Herz. Zeigen Sie es ruhig.

9. Nephthys: Göttin des Hauses
Nephthys an erster Stelle zeigt, worauf Sie bauen können: Sie gewinnen Freunde, schaffen Harmonie, können noch eine Ruine in ein gemütliches Heim verwandeln.
Nephthys an zweiter Stelle zeigt, was Sie beachten müssen: Sie beschränken sich am liebsten auf das, was Sie kennen und können. Mehr Mut zu kleinen exzentrischen Ausfällen täte Ihnen gut.
Nephthys an dritter Stelle zeigt, wo Ihr unentdecktes Potenzial liegt: Sie brauchen Freiheit. Damit Ihre Unbeschwertheit, Ihr Witz und Ihre Leichtigkeit ans Tageslicht kommen.

10. Seth: Gott des Kampfes
Seth an erster Stelle zeigt, worauf Sie bauen können: Sie sind auch schwierigsten Auseinandersetzungen gewachsen. Sie gehen ohne Zögern durchs Feuer und werden dabei gereinigt.
Seth an zweiter Stelle zeigt, was Sie beachten müssen: Ihre Energie müssen Sie körperlich austoben, damit Sie nicht explodieren.
Seth an dritter Stelle zeigt, wo Ihr unentdecktes Potenzial liegt: Mit Ihrer Verbindung von Weichheit und Stärke, von Zärtlichkeit und Kraft können Sie beinahe alles wagen. Denn Sie sind der geborene Diplomat.

11. Horus: Gott des Lichts

Horus an erster Stelle zeigt, worauf Sie bauen können: Sie haben ein warmes Herz und einen klaren Kopf. Sie übernehmen Verantwortung. Auf Ihre Vernunft ist Verlass.

Horus an zweiter Stelle zeigt, was Sie beachten müssen: Ihr schneller Verstand verführt Sie dazu, Ihre leiseren Gefühle zu überhören. Dabei weisen genau die Ihnen den Weg.

Horus an dritter Stelle zeigt, wo Ihr unentdecktes Potenzial liegt: In Ihrem Inneren liegt die Quelle Ihres menschlichen Wissens brach: Ihre Intuition. Folgen Sie Ihrer inneren Stimme.

12. Anubis: Gott der Wiedergeburt

Anubis an erster Stelle zeigt, worauf Sie bauen können: Sie gehören zu den wenigen, die tatsächlich aus Fehlern lernen. Und die nach jeder Niederlage besser werden.

Anubis an zweiter Stelle zeigt, was Sie beachten müssen: Bei Ihren zahlreichen Häutungen kommt Ihr Partner nicht immer mit. Üben Sie Geduld – mit sich und anderen.

Anubis an dritter Stelle zeigt, wo Ihr unentdecktes Potenzial liegt: Sie können jede Ihrer Schwächen in eine Stärke verwandeln. Und aus jedem Scheitern einen Sieg machen.

13. Hathor: Göttin der Sinnlichkeit

Hathor an erster Stelle zeigt, worauf Sie bauen können: Egal wohin das Leben Sie verschlägt, Sie können es genießen. Mit Ihrem Charme wickeln Sie alle Leute ganz leicht um den Finger.

Hathor an zweiter Stelle zeigt, was Sie beachten müssen: Um der Harmonie willen neigen Sie immer wieder zur Anpassung. Doch Ihre Persönlichkeit ist zu interessant, um versteckt zu werden!

Hathor an dritter Stelle zeigt, wo Ihr unentdecktes Potenzial liegt: Ihr Mut und Ihre Widerspenstigkeit harren noch der Entdeckung. Lassen Sie ihnen mehr Raum. Es beginnt der spannendste Teil Ihres Lebens.

14. Ptah: Gott des Handwerks

Ptah an erster Stelle zeigt, worauf Sie bauen können: Sie sind patent. Sie

wissen stets einen Ausweg. Wo andere in der Klemme stecken, drehen Sie erst richtig auf.
Ptah an zweiter Stelle zeigt, was Sie beachten müssen: Sie sind clever, schlau und listenreich. Nur tricksen Sie sich immer wieder selbst aus. Leisten Sie sich mehr Aufrichtigkeit.
Ptah an dritter Stelle zeigt, wo Ihr unentdecktes Potenzial liegt: Sie stehen erst am Anfang Ihrer Vielseitigkeit. Sie sind ein Springbrunnen voller Ideen.

15. Sachmet: Göttin des Krieges

Sachmet an erster Stelle zeigt, worauf Sie bauen können: Sie haben Mut, sind risikobereit, treffen ohne Zögern Entscheidungen. Sie übernehmen Verantwortung. Und werden dafür belohnt.
Sachmet an zweiter Stelle zeigt, was Sie beachten müssen: Haben Sie auch ein Auge auf die feinen Regungen Ihrer Seele. Damit Sie in Streit und Auseinandersetzung nicht verhärten.
Sachmet an dritter Stelle zeigt, wo Ihr unentdecktes Potenzial liegt: Lassen Sie die Widersprüchlichkeit in Ihrem eigenen Inneren zu. Denn sie ist die eigentliche Quelle Ihrer kreativen Kraft.

16. Nefertem: Gott des Sonnenaufgangs

Nefertem an erster Stelle zeigt, worauf Sie bauen können: Sie stehen auch nach einem Tiefschlag auf und starten durch. Sie haben Zuversicht, Unternehmungslust und Wagemut.
Nefertem an zweiter Stelle zeigt, was Sie beachten müssen: Sie neigen zur Flucht nach vorn. Zur Überaktivität. Sie sehen nur das Nächstliegende. Fragen Sie auch mal nach dem Sinn.
Nefertem an dritter Stelle zeigt, wo Ihr unentdecktes Potenzial liegt: Sie haben die seltene Gabe, auch aus unmöglichen Startpositionen neu aufzubrechen. Sie sollten sie nutzen.

17. Thot: Gott der Schrift

Thot an erster Stelle zeigt, worauf Sie bauen können: Sie können neues Wissen schnell aufnehmen und umsetzen. Sie sind fähig, andere zu unterrichten und werden selbst weise dabei.

Thot an zweiter Stelle zeigt, was Sie beachten müssen: Sie trennen zu oft Gefühl und Handlung. Lassen Sie Ihre kindliche, spielerische Seele zu Wort kommen.
Thot an dritter Stelle zeigt, wo Ihr unentdecktes Potenzial liegt: Sie sagen, was andere verschweigen. Finden, was andere nicht einmal suchen. Zum Beispiel die Wahrheit.

18. Tatenem: Gott der Zeit
Tatenem an erster Stelle zeigt, worauf Sie bauen können: Sie haben das untrügliche Gespür für den richtigen Augenblick. Sie können abwarten. Und im perfekten Moment handeln.
Tatenem an zweiter Stelle zeigt, was Sie beachten müssen: Sie stehen oft unter dem inneren Druck, etwas tun zu müssen. Müssen Sie doch gar nicht. Lassen Sie einfach mal locker.
Tatenem an dritter Stelle zeigt, wo Ihr unentdecktes Potenzial liest: Sie sind ein Meister der Zielsetzung. Was Sie erreichen wollen, werden Sie erreichen.

19. Hapi: Gott der Zeugungskraft
Hapi an erster Stelle zeigt, worauf Sie bauen können: Immer wieder werden intensive Erfahrungen Sie beleben und weiterbringen. Bei Ihnen gibt es keinen Stillstand.
Hapi an zweiter Stelle zeigt, was Sie beachten müssen: Sie fürchten, als Mensch mit Schwächen entlarvt und bloßgestellt zu werden. Und wenn schon? Nichts kann Ihrer Souveränität etwas anhaben.
Hapi an dritter Stelle zeigt, wo Ihr unentdecktes Potenzial liegt: Ihnen steht eine unbegrenzte Kreativität zur Verfügung. Und das für fast jeden Bereich des Lebens: ob Schreiben, Organisieren – oder Schicksalsdeutung.

20. Sokar: Gott am Eingang zum Jenseits
Sokar an erster Stelle zeigt, worauf Sie bauen können: Sie haben den sechsten Sinn, besitzen Antennen für kommende Strömungen. Ihre Wünsche haben zwingende Kraft.
Sokar an zweiter Stelle zeigt, was Sie beachten müssen: Sie wollen herrschen. Und Sie haben das Zeug dazu. Darum sind Ihre Versuche, Ihre Umgebung zu manipulieren, gar nicht nötig.

Sokar an dritter Stelle zeigt, wo Ihr unentdecktes Potenzial liegt: Sie haben eine mediale Begabung mit enormen heilenden Fähigkeiten.

21. Bastet: Göttin des Tanzes

Bastet an erster Stelle zeigt, worauf Sie bauen können: Die Harmonie Ihrer Seele, Ihre Anmut, Ihre Fähigkeit zu lieben, strahlen nach außen. Man mag Sie. Ihre Freunde halten zu Ihnen.

Bastet an zweiter Stelle zeigt, was Sie beachten müssen: Sie scheuen Konflikte, meiden Konfrontationen. Warum eigentlich? So viel wie Sie hat kaum einer zu bieten.

Bastet an dritter Stelle zeigt, wo Ihr unentdecktes Potenzial liegt: Ihre innere Unabhängigkeit ist größer, als Ihre Umgebung ahnt.

8. Das Advents-Orakel

Dieses Orakel ist besonders für die Weihnachtszeit geeignet und stellt praktisch einen Adventskranz oder auch Adventskreis dar. 24 Varianten oder kleine Schicksalsgeschenke, fast wie in einem Adventskalender, sind in diesem Orakel enthalten, das aus Neu-England stammt.

Sie benötigen: Vier gleiche Spielwürfel, einen Becher, ein großes Blatt Papier in DIN-A4- oder DIN-A3-Format. Auf diesem Blatt Papier zeichnen Sie einen großen Kreis, am besten natürlich in Form eines stilisierten Adventskranzes. Wenn das Ihre künstlerischen Fähigkeiten überschreitet, kann es auch ein einfacher Kreis sein. Wichtig ist jedoch, dass Sie auf dem Papier noch 24 kleine Pakete zeichnen. Schließlich handelt es sich um ein Weihnachts- bzw. Advents-Orakel.

Wenn Sie Ihre Zeichnung fertiggestellt haben, nehmen Sie Ihre vier Würfel und legen sie in den Becher. Dann setzen Sie sich vor Ihre Zeichnung und konzentrieren sich auf Ihre Zukunft. Nun schütteln Sie den Becher eine Weile und werfen die Würfel dann über dem Kreis ab. Die Augen der Würfel, die innerhalb des Kreises liegen geblieben sind, zählen Sie zusammen. Dies kann also eine Zahl von 1 bis 24 sein, je nachdem, wie viele Würfel sich innerhalb des Kreises befinden und welche Augenzahl sie anzeigen. Ist kein Würfel in dem Kreis liegen geblieben, so wiederholen Sie Ihren Wurf, jedoch nicht mehr als dreimal an einem Tag.

In den folgenden Beschreibungen können Sie nachlesen, wie Sie momentan auf andere wirken und welche Schicksalstendenzen sich in den nächsten Monaten für Sie ergeben können.

1 Sie sind die Nummer eins! Keiner kann Ihnen jetzt widerstehen oder stellt Ihre Führung in Frage. Was Sie sich in den nächsten Wochen vornehmen, gelingt Ihnen gut. Niemand kann Sie in ein Schema pressen, denn Ihr Hang zur Selbstständigkeit ist jetzt grenzenlos. Ihren ideellen Standpunkt verteidigen Sie mit Angriffslust. Ihr Geschenk ist der Mut.

2 Sie werden jetzt in gefährliche Situationen geraten und sie doch überwinden, um schließlich die ideale Zweisamkeit zu genießen. Sie kämpfen für Ihr Glück und wollen das Schicksal für sich einnehmen. Sie handeln spontan und immer unter Einsatz Ihrer ganzen Persönlichkeit. Ihr Geschenk ist die Tatkraft.

3 Lassen Sie sich nicht in eine Dreiecksgeschichte ein, sonst könnte Sie zu einem Dauerzustand für Sie werden. Versuchen Sie private Situationen zu klären und handeln Sie nicht gegen Ihre Überzeugung. Verzichten Sie jetzt lieber ganz auf eine Beziehung, wenn Sie zu teuer dafür bezahlen müssen. Ihr Geschenk ist die Reinheit.

4 Eine freizügige und leichtlebige Phase erwartet Sie jetzt. Bindungen sind Ihnen jetzt eher suspekt, Sie entdecken in sich die Spielernatur. Sie werden bewundert und heiß geliebt, sind jedoch echter Gefühle nur selten fähig. Doch alles gestalten Sie mit viel Stil und künstlerischem Geschick. Ihr Geschenk ist die Eleganz.

5 Ihr Leben dreht sich jetzt um die Liebe, um gutes Essen und alle leiblichen Genüsse. Dazu kommt Ihre Fähigkeit, das Glück wirklich zu genießen. Mit der Weihnachtszeit wird für Sie eine angenehme und befriedigende Phase beginnen, die auch Gutes für Ihre Familie und Kinder bringen kann. Ihr Geschenk ist die Lebensfreude.

6 Selbstlos, uneigennützig und aufopfernd schreiten Sie durchs Leben. Wahrscheinlich merken Sie nicht einmal, dass Sie viel für die anderen tun, denn Sie halten es für selbstverständlich, für andere da zu sein. Sie beraten gern und gut, doch Sie können auch mit Hilfe rechnen, wenn Sie sie brauchen. Ihr Geschenk ist das Verständnis.

7 Eine gesundheitliche Krise kann sich bei Ihnen bemerkbar machen. Vielleicht haben Sie an Ihren Kräften Raubbau betrieben und sich zu viel zugemutet. Treten Sie von jetzt ab kürzer und leben Sie bewusster, damit Sie Ihr inneres Gleichgewicht wiedererlangen können. Auch die Esoterik kann Ihnen jetzt helfen. Ihr Geschenk ist die Demut.

8 Sie stellen jetzt keine übertriebenen Anforderungen an Ihr Leben. Wenn Sie Ihr Auskommen haben, brechen Sie unter Umständen eine vielversprechende Karriere ab, um sich nur noch um Ihre Hobbys kümmern zu können. Sie sind ein Lebenskünstler und haben Ihre eigene Lebensphilosophie. Ihr Geschenk ist die Bescheidenheit.

9 Innere Unruhe macht Sie jetzt etwas unstet. Sie wollen um die Welt reisen und alles kennen lernen. Sie entwickeln sich zum Abenteurer und Entdecker, der noch an ungehobene Schätze und Geheimnisse glaubt. Doch das, was Sie eigentlich suchen, liegt nur in Ihnen selbst verborgen. Ihr Geschenk ist die Erkenntnis.

10 Eine besondere Chance für Ihre Karriere wird sich bieten. Sagen Sie jetzt nicht ab, wenn Ihnen ein ungewöhnliches Angebot winkt. Solange Sie kein Geld investieren müssen, ist Wagemut gefragt. Sie beginnen nun einen Lebensabschnitt, in dem Sie endlich zeigen können, wie talentiert Sie sind. Ihr Geschenk ist der Erfolg.

11 Eine Phase der Isolation ist vorbei. Die Kommunikation mit Ihren Mitmenschen funktioniert nun viel besser und Sie knüpfen eine Menge neuer Kontakte. Plötzlich werden Sie überall eingeladen und treffen viele interessante Leute. Doch Sie wollen mehr, denn Sie sind tiefsinnig und verbindlich. Ihr Geschenk ist die Freundschaft.

12 Suchen Sie jetzt die Ruhe und auch einmal die Einsamkeit. In einer gewissen Distanz zu Ihrem bisherigen Leben, werden Sie einige neue Erkenntnisse haben und sich in Zukunft danach richten. Mag sein, dass Sie einige Ihrer menschlichen Verbindungen ernsthaft hinterfragen müssen. Seien Sie ehrlich zu sich selbst. Ihr Geschenk ist die Freiheit.

13 Haben Sie magische Kräfte? In den nächsten Wochen werden Sie feststellen, was alles in Ihnen steckt. Ihre Intuition und Aufnahmefähigkeit sind ungeheuer. Ihr Rat ist jetzt gefragt, wenn es um die Lösung komplexer Angelegenheiten geht. Doch Sie blicken hinter die Kulissen des Lebens, dem Sinn auf der Spur. Ihr Geschenk ist die Spiritualität.

14 Sie haben jetzt viel Erfolg in Ihrem Leben zu erwarten, aber es kann auch ein „Erfolg um jeden Preis" sein. Es bleibt Ihnen überlassen, welche Mittel Sie wählen, um ganz nach oben zu kommen. Eine gewisse Härte im Geschäftsleben wird man Ihnen nachsagen, denn Sie haben schon schwierige Erfahrungen gemacht. Ihr Geschenk ist das Gewissen.

15 Ihr heiteres Gemüt wirkt jetzt anziehend und bringt Ihnen gute Gelegenheiten. Wegen Ihres freundlichen Wesens interessiert man sich für Sie. Künstlerische Interessen sollten Sie ausbauen und selbst aktiv werden. Wahrscheinlich schlummert in Ihnen ein musisches Talent, das unbedingt entdeckt werden muss. Ihr Geschenk ist die Kreativität.

16 Genial, wie Sie nun einmal sind, haben Sie das Geschick, andere zu führen und große Dinge zu arrangieren. Sie sind geschaffen zum Manager, zum Regisseur oder Dirigenten. Doch Sie spielen nicht, sondern gehen strategisch und diszipliniert voran. Man entwickelt jetzt eine große Achtung vor Ihnen und erkennt Sie an. Ihr Geschenk ist die Arbeit.

17 In diesem Advent beginnt für Sie eine lebensfrohe Phase, in der Sie sich vor allem den schönen Dingen des Lebens hingeben wollen. Lange haben Sie darauf verzichtet. Ihr Herz hängt am Luxus, den Sie ganz und gar genießen wollen. Sie pflegen sich, Ihren Lebensstil und entwickeln einen exquisiten Geschmack. Ihr Geschenk ist die Schönheit.

18 In den nächsten Wochen müssen Sie eine wichtige Entscheidung treffen, die Sie schon lange vor sich herschieben. Zögern Sie nicht mehr, denn Sie wissen genau, was für Sie am besten ist. Ihre Sorgen sind übertrieben, denn Ihre Aussichten sind besser denn je, eine gute Lösung für alle Beteiligten zu finden. Ihr Geschenk ist die Gerechtigkeit.

19 Ihr Geist wird sich in den nächsten Monaten gut entfalten. Sie sind fleißig, wissbegierig und ungeheuer aufnahmefähig. Sie wollen sich fortbilden und Ihren Horizont erweitern. Zwar fällt Ihnen nicht alles in den Schoß, aber Ihre Strategie und Ausdauer ermöglichen Ihnen vielfältiges Wissen. Ihr Geschenk ist die Geduld.

20 Ihre körperliche Kraft sucht jetzt ihresgleichen. Sie sind stabil und voller großer Leistungsfähigkeit. Bei der Arbeit wie beim Essen greifen Sie tüchtig zu. Allerdings sind Sie jetzt nicht gerade feinfühlig und diplomatisch. Das Physische und Ihr Fitnessprogramm zählen jetzt bei Ihnen besonders. Ihr Geschenk ist die Gesundheit.

21 Ihre Begabung liegt jetzt besonders im kaufmännischen Bereich. Sie knüpfen geschickt Kontakte, können zwischen den Fronten vermitteln. Ihre Überredungskunst lässt Ihre Geschäfte gut gedeihen und das Privatleben gestaltet sich positiv. Ihr Geschenk ist die Schlauheit.

22 Sie spüren, dass Sie in der nächsten Zeit alle inneren und ethischen Werte in Ihrem Leben besonders betonen wollen. Auch Ihr soziales Mitgefühl entwickelt sich und kann Ihnen viele beeindruckende Erlebnisse mit Ihren Mitmenschen bescheren. Instinktiv wollen Sie helfen, mit Rat und Tat, aber auch mit vorhandenen Mitteln. Ihr Geschenk ist die Menschlichkeit.

23 Jetzt verstehen Sie es glänzend, Beruf und Privatleben miteinander zu verbinden. Bei Ihnen können sich Ihre Lieben jetzt hervorragend von den Strapazen des Alltags erholen. Ihnen gelingt jetzt alles, was Sie anpacken, doch Sie bleiben auch auf dem Boden der Tatsachen und setzen sich realistische Ziele. Ihr Geschenk ist die Zufriedenheit.

24 Ihr Gefühlsreichtum sucht seinesgleichen. Ein starkes Triebleben hat Ihnen bisher zu schaffen gemacht, doch jetzt wollen Sie Ihre Leidenschaften überwinden. Mehr als bisher interessieren Sie die inneren Werte eines Menschen und nicht nur sein schönes Äußeres. Jetzt wollen Sie sich hingeben und geläutert werden. Ihr Geschenk ist die Liebe.

9. Das chinesische Münzen-Orakel

Sie wollen wissen, wie es im Job am besten läuft? Fragen Sie das Münzen-Orakel! Sie brauchen dazu sechs gleichartige Münzen. Pfennige, Groschen, Markstücke – was Sie gerade zur Hand haben. Es kann auch Geld in ausländischer Währung sein. Nehmen Sie drei Münzen in die Hand.

Überlegen Sie sich Ihre Frage. Sie sollte ähnlich wie folgt gestellt werden: „Wie soll ich mich in dieser oder jener Situation verhalten?“ Konzentrieren Sie sich auf Ihre Frage, während Sie die Münzen mit beiden Händen schütteln und vor sich auf den Tisch fallen lassen. Sortieren Sie nun die Münzen nebeneinander. Werfen Sie dann die anderen drei Münzen und legen Sie sie unter die erste Reihe wie in unseren Beispielen. Nun müssen Sie nur noch die Antwort heraussuchen.

1. Reihe: dreimal Zahl; 2. Reihe: dreimal Zahl
Große Karriere. Sie bekommen die Riesenchance, sich ungehindert durchzusetzen und alle Fähigkeiten zu entfalten. Der Reichtum lässt nicht mehr lange auf sich warten. Die Zeit arbeitet für Sie, und zwar schnell. Manchmal ist es schon anstrengend mit Ihren Ambitionen. Sie können es einfach nicht vertragen, wenn Sie nicht an der Spitze sind. Setzen Sie sich trotzdem nicht zu sehr unter Druck, denn wenn Sie ehrlich sind, haben Sie doch schon einen ganz guten Vorsprung erarbeitet. Aktivität ist wichtig, doch der tiefere Sinn darf dabei nicht verloren gehen.

1. Reihe: dreimal Zahl; 2. Reihe: zweimal Zahl, einmal Kopf
Erfolg. Sie können fast alles erreichen, viele Herzen für sich gewinnen und behalten. Sie sind vielleicht kein sehr bequemer Partner, aber sich selbst und anderen gegenüber absolut treu. Das ist eine gute Voraussetzung. Bei Ihren Mitarbeitern sollten Sie jetzt darauf verzichten, zu viel aus Ihrem Privatleben zu plaudern. Bleiben Sie so zurückhaltend wie immer, das hat sich schließlich bewährt. Sie können sich jetzt keine Skandale leisten. Hören Sie lieber den anderen zu und sammeln Sie die Informationen, die Sie brauchen. Das ist eindeutig der bessere Weg.

1. Reihe: dreimal Zahl; 2. Reihe: einmal Zahl, zweimal Kopf

Risikobereitschaft. Energie und Enthusiasmus sind Ihre schönsten Talente. Niemand tritt imponierender auf. Sie setzen ganz auf Risiko, aber letztlich überwiegen die Gewinne. Sie sollten alle Verträge und großen Investitionen gut überprüfen, damit Sie nicht in eine undefinierbare Sache hineingezogen werden. Obwohl Sie sonst so realistisch sind, könnten Sie vorübergehend in den Sog unehrlicher Machenschaften gezogen werden. Auch Immobilienkäufe sind abzuwägen. Bleiben Sie jetzt sehr wachsam.

1. Reihe: dreimal Zahl; 2. Reihe: dreimal Kopf

Sehnsucht. Sie streben nach vollkommener Harmonie. Das macht Ihr Leben nicht gerade leicht. Viele Menschen verstehen Sie deshalb nicht. Sie brauchen eine entspannte Situation, um wirklich Ihr Bestes geben zu können. Passen Sie sich dem allgemeinen Rhythmus an und verzichten Sie jetzt auf hochtrabende Karrierepläne. Sie könnten sehr einfallsreich sein und auch glückliche Zufälle erleben. Auch die Zusammenarbeit mit anderen Menschen läuft besser, weil Sie jetzt verständnisvoller und weitsichtiger sind. Vielleicht suchen Sie sogar selbst eine Beschäftigung, die eine menschlichere und vielleicht sogar mildtätige Note hat.

1. Reihe: zweimal Zahl, einmal Kopf; 2. Reihe: dreimal Zahl

Veränderung. Sie nehmen Gegebenes nicht hin, sondern tun alles, um es zu ändern. Das Wohl anderer ist für Sie wichtiger als Ihr eigenes Vorankommen. Denken Sie mehr an sich! Erst dann lohnt sich Ihr Einsatz. Man möchte Sie jetzt etwas unsanft zum Umdenken zwingen. Doch wer sich danebenbenimmt, hat bei Ihnen sowieso keine Chance. Trotzdem, öffnen Sie sich auch für neue Ideen. Ansonsten läuft die Zusammenarbeit mit anderen gut, Sie können mit neuen Aufträgen rechnen und das ist genau das, was Sie sich wünschen.

1. Reihe: zweimal Zahl, einmal Kopf; 2. Reihe: zweimal Zahl, einmal Kopf

Zurückhaltung. Zu viel Aktivität lässt das Gefühl zu kurz kommen. Ehrgeiz könnte Ihr privates Glück zerstören. Stecken Sie Ihre Ziele nicht so hoch und denken Sie mehr an andere – vor allem an den Partner! Sie müssen jetzt einen klaren Kopf behalten und sich nicht auf lockere Absprachen einlassen. Mag sein, dass sich Ihre Mitarbeiter nicht mehr erinnern, wenn es wirklich darauf ankommt. Auch Sie selbst sollten jetzt nichts versprechen, was Sie nicht einhalten wollen. Nur zu schnell hat man sonst einen unlauteren Ruf erworben, der doch gar nicht zu Ihnen passt.

1. Reihe: zweimal Zahl, einmal Kopf; 2. Reihe: einmal Zahl, zweimal Kopf

Konfrontation. Es sieht so aus, als suchten Sie ständig Diskussionen, um Profil zu zeigen. Das ist zwar originell, aber manchen nerven Sie damit auch. Probieren Sie es mal mit mehr Kooperation. Das bringt Sympathie. Außerdem gilt es unbedingt auf dem Boden der Tatsachen zu bleiben. Alles, was zu großzügig und grenzenlos angelegt ist, muss zwangsläufig zum Scheitern verurteilt sein. Überprüfen Sie noch einmal ganz genau, ob Sie nun für Ihr Büro einen Marmoreingang brauchen. Sparen Sie lieber für weniger gute Zeiten, immerhin sind Sie doch sonst der Erste, der auf Nummer Sicher geht.

1. Reihe: zweimal Zahl, einmal Kopf; 2. Reihe: dreimal Kopf
Optimismus. Sie haben Führungsqualitäten, bringen aber auch im Team gute Leistungen. Ihnen gelingt fast alles. Fragen Sie jetzt nach mehr Geld oder einer Beförderung – es ist ein guter Zeitpunkt für positive Antworten. Wer Ihnen Grenzen setzen will, der nimmt besser gleich Reißaus. So überzeugend und charmant zugleich haben Sie selten die Regentschaft an sich gerissen. Man läuft Ihnen geradezu nach und bietet Ihnen den Chefsessel an. Nun, das klingt schon ganz gut, doch Sie wollen jetzt wirklich mehr. Vor allem Ihre Unabhängigkeit.

1. Reihe: einmal Zahl, zweimal Kopf; 2. Reihe: dreimal Zahl
Beherrschung. Sie haben Temperament. Ihr Leben ist geprägt von Leidenschaften. Halten Sie Ihre Gefühle unter Kontrolle. Ohne Beherrschung geht es im Job nicht. Man traut Ihnen sonst nichts zu und übergeht Sie. Machen Sie keine Dummheiten und setzen Sie nicht mühsam verdientes Geld aufs Spiel. In den nächsten Wochen sollten Sie sich mit Spekulationen aller Art tunlichst zurückhalten. Sie haben gerade nicht das richtige Augenmaß und könnten sonst ein böses Erwachen erleben.

1. Reihe: einmal Zahl, zweimal Kopf; 2. Reihe: zweimal Zahl, einmal Kopf

Tatkraft. Niemand kann Sie zu etwas zwingen. Sie geben alles, aber nur freiwillig. Chef und Kollegen schätzen Sie sehr, denn Sie sind belastbar. Ihre wahre Stärke hat bisher noch niemand erkannt. Wer mit Ihnen konkurrieren will, muss Köpfchen haben. Sie stellen die intelligentesten Fragen und dulden keine ausweichenden Antworten. Schon lange haben Sie an Ihren Konzepten gearbeitet und nun eine gute Struktur vorbereitet. So viel Einsatz muss sich schließlich lohnen.

1. Reihe: einmal Zahl, zweimal Kopf; 2. Reihe: einmal Zahl, zweimal Kopf

Einsatzfreude. An Konkurrenten sollten Sie keinen Gedanken verschwenden. Sie sind unwiderstehlich. Kein Hindernis kann Ihnen Einhalt gebieten. Ihre Einsatzfreude findet jedoch leider nicht immer die richtige Würdigung. Trotzdem, Ihre Arbeit macht Ihnen jetzt Spaß und zeigt erfreuliche Wirkung. Sie forcieren Ihre Pläne stark und haben doch ein offenes Ohr für Ihre Mitarbeiter. Diese gute Mischung aus Dynamik und Menschlichkeit kommt immer gut an.

1. Reihe: einmal Zahl, zweimal Kopf; 2. Reihe: dreimal Kopf

Bescheidenheit. Es entwickelt sich alles nach Plan. Dass Sie trotzdem nicht ganz zufrieden sind, liegt nur daran, dass Sie Ihre Erfolge selbst unterbewerten. Stellen Sie Ihr Licht nicht immer unter den Scheffel. Verlieren Sie keine Zeit, leiern Sie alle Projekte an, die Ihnen am Herzen liegen, und suchen Sie Kontakt zu Menschen, die Ihnen interessant und wichtig erscheinen. Lassen Sie sich nicht nervös machen, wenn das Telefon den ganzen Tag klingelt, sondern behalten Sie Ihre Ziele im Auge. Sollten Sie schon immer mit dem Gedanken an Selbstständigkeit gespielt haben, so wäre nun ein geeigneter Zeitpunkt, um ein eigenes Unternehmen zu starten.

1. Reihe: dreimal Kopf; 2. Reihe: dreimal Zahl
Festigkeit. Sie sind der Mensch, auf den sich die Kollegen in jeder Situation verlassen können. Leider hat man Ihre Qualitäten noch nicht überall erkannt. Sie brauchen noch Geduld, um Ihre Position zu verbessern. Wenn große Veränderungen ihre Schatten vorauswerfen, so sind Sie eher misstrauisch. Trotzdem spüren Sie, dass Sie neue Aufgaben brauchen, die frischen Wind an Ihren Arbeitsplatz bringen. Sollten Sie nun den Arbeitsplatz wechseln, prüfen Sie das neue Unternehmen auf Herz und Nieren hinsichtlich einer soliden Basis.

1. Reihe: dreimal Kopf; 2. Reihe: zweimal Zahl, einmal Kopf
Zuversicht. Sie treten zu bescheiden auf. Deswegen ahnt niemand, welche Fähigkeiten in Ihnen schlummern. Gehen Sie aus sich heraus, zeigen Sie mehr Selbstbewusstsein. Übrigens: Jemand freut sich täglich auf Ihren Auftritt. Sie haben außerdem die feste Absicht, in Sachen Karriere eine neue Ära einzuläuten. Nun ist Schluss mit Peanuts, jetzt müssen die großen und weltumspannenden Angelegenheiten angepackt werden. Sie wollen beruflich reisen und sich auch im Ausland einen Namen machen.

Gut so, legen Sie los, denn Ihre offene und gewandte Art kommt jetzt überall gut an.

1. Reihe: dreimal Kopf; 2. Reihe: einmal Zahl, zweimal Kopf
Selbstsicherheit. Die Erfolge stellen sich schrittweise ein. Je älter Sie werden, desto glücklicher, wohlhabender und gesünder werden Sie sein. Bleiben Sie so gelassen und liebenswert, dann haben Sie keine Neider. Kaum jemand ist so begabt wie Sie, wenn es darum geht, in Finanzdingen gute Erfolge zu erzielen. Auch wenn Sie nicht zu den Senkrechtstartern gehören, auf lange Sicht gesehen wollen Sie sich einen sicheren Lebensstandard erkämpfen. Sie können nun viele interessante Gespräche mit Ihren Finanzberatern führen.

1. Reihe: dreimal Kopf; 2. Reihe: dreimal Kopf
Zuwendung. Ihre Stärke ist Geduld, Ihr Risiko Passivität. Es wird Ihnen in der Firma gut gehen, solange Sie dort einen Beschützer haben. Zeigen Sie mehr Engagement und lassen Sie Ihre Talente nicht verkümmern. Neider und Konkurrenten werden mühelos aus dem Feld geschlagen und auch die Verständigung bei der Arbeit klappt wieder prima. Sie setzen sich und Ihre Ideen gut durch. Haben Sie jetzt keine Skrupel, ganz offen zu sagen, was Sie denken. Man wird sich auf Sie einstellen und für Ihre Anregungen dankbar sein.